동서양고전의지혜를한문장으로읽는다

100개의
문장으로 읽는
100권의
책

100개의
문장으로 읽는
100권의 책

2017년 4월 17일 제1판 제1쇄 인쇄
2018년 4월 23일 제1판 제2쇄 발행

지은이   안덕훈
펴낸이   강봉구

펴낸곳   작은숲출판사
등록번호   제406-2013-0000801호
주소   10880 경기도 파주시 신촌로 21-30(신촌동)
전화   070-4067-8560
팩스   0505-499-8560
홈페이지   http://littlef2010.blog.me
페이스북   http://www.facebook.com/littlef2010
이메일   littlef2010@daum.net

ⓒ 안덕훈
ISBN 979-66-6035-012-8   43000
값은 뒤표지에 있습니다.

열세 살 내 인생

내 인생의
첫 독서

100개의 문장으로 읽는 100권의 책

안덕훈 지음

작은숲

고전 여행객을 위한 첫 디딤돌

1

혼히 고전을 상상력과 창의력의 원천이라고 합니다. 고전 작품을 읽음으로써 우리가 사는 세계를 이해할 수 있으며 현실의 문제점을 비판적인 시각으로 바라볼 수 있는 눈을 키우게 됩니다. 더 나아가 고전 읽기를 통해 우리 인류가 아직 이루지 못한 세계를 꿈꾸고 실천해 나가는 힘을 기를 수 있습니다. 그래서 선생님들과 부모님들은 우리 학생들에게 고전 읽기를 적극 권장합니다.

그런데 고전은 쉽고 재미있는 책보다 어렵고 지루한 내용으로 가득한 작품들이 많다는 게 문제입니다. 그러다 보니 청소년 시기에 많은 고전 작품을 읽는 것이 좋다는 것은 알면서도 실천하기는 매우 어렵습니다. 짐작컨대 학생들에게 '고전 필독서 리스트'를 나눠 주시는 선생님도 리스트에 있는 책들을 모두 읽지는 않았을 것 같습니다.

수영 초보자가 준비 운동 없이 급하게 물에 뛰어들면 근육에 쥐가 나는 것처럼, 처음부터 무작정 어렵고 두꺼운 고전 작품에 도전하다 보면 머리에 쥐가 나면서 다시는 책을 가까이 하기 싫어질 수도 있습니다. 그러므로 고전 읽기에도 준비 운동이 필요합니다. 『내 인생의 첫 독서 - 100개의 문장으로 읽는 100권의 책』은 청소년들이 본격적으로 고전 작품을 읽기 전에 준비 운동을 할 수 있도록 만든 책입니다.

이 책을 만들기 위해 우선 청소년기에 읽어야 할 고전 100권을 선정하였습니다. 〈서울대 선정 권장 도서〉와 뉴욕타임즈에서 제시한 〈죽기 전에 읽어야 할 100권의 책〉을 참고하였고, 필자와 출판사 편집 담당자 사이의 토론을 거쳐 최종 확정하였습니다. 그리고 100권의 책을 분석하여 각각의 책을 대표할 수 있는 문장을 뽑았습니다. 대표 문장은 해당 고전의 주제, 역사적 의의 등을 고려하여 발췌하였으므로 일종의 책 전체에 대한 한 문장 요약이라고 생각해도 좋습니다.

2

책의 본문을 펴면 왼쪽 면에는 대표 문장이 멋진 손글씨체로 적혀 있고 밑에는 따라 쓰기를 할 수 있는 공간이 있습니다. 손글씨체는 서예가이신 송병훈 선생님께서 개발하신 훈민정필체입니다. 학생들은 빈 공간에 대표 문장을 따라 쓰면서 그 의미를 생각해 보는 것은 물론 훈민정필체에 맞추어 멋진 손글씨를 손에 익히게 됩니다.

책의 왼편 아래부터 오른쪽 면에 걸쳐 대표 문장에 대한 설명이 있습니다. 대표 문장 및 고전 작품에 대한 필자의 해석입니다. 가급적 청소년들이 이해할 수 있도록 쉽고 재미있는 내용으로 구성하였습니다. 학생들은 대표 문장을 따라 쓰고 해설을 읽으면서 자연스럽게 고전 작품과 친해지게 됩니다.

주제별로는 총 4부로 구성하였습니다. 각 주제별 특징은 다음과 같습니다.

제1부 나를 찾아가는 길에서 만난 문장 : 자아 찾기, 즉 '나는 누구인가?'에 대해 생각해 보는 과정입니다.

제2부 존재와 마주치는 길에서 만난 문장 : 타자, 즉 나와 다른 존재와의 관계를 되돌아볼 수 있는 과정입니다.

제3부 꿈을 찾아가는 길에서 만난 문장 : 보다 나은 세상을 위해서 '나는 무엇을 할 것인가'를 생각해 보는 과정입니다.

제4부 공동체를 향한 길에서 만난 문장 : 다양한 존재들이 평화롭게 공존하는 세상에 대해 상상해 보는 과정입니다.

고전은 다양한 시각으로 해석이 가능하기 때문에 위와 같이 특정한 주제로 묶는 것은 저자에 대한 예의가 아니라는 비판이 있을 수 있습니다. 하지만 청소년들의 고전 읽기 효과를 높이기 위해 필자는 부득이 예의에 어긋나는 행동을 하였습니다. 다행인지 불행인지 100권의 저자들 대부분은 오래전에 돌아가셨으므로 별다른 꾸지람은 없을 것으로 예상됩니다. 혹시나 저자 중 아직 살아 계신 분이나 저자를 계승하는 분이 비판과 질책을 한다면 그 책임은 모두 필자에게 있음을 밝힙니다.

이 책은 청소년들을 고전의 세계로 안내하기 위한 목적으로 만들어졌습니다. 그런데 책을 만들고 보니 문득 본래의 목적과는 다르게 활용할 수도 있겠다는 생각이 들었습니다.

가령 청소년기에 고전 작품을 많이 읽고 싶었으나 부득이한 사정으로 실천하지 못한 성인들도 읽으면 좋을 것입니다. 또한 논술, 면접 등 대학 입시를 준비하는 수험생은 물론 로스쿨 임용고시 등을 준비하는 분들께도 활용을 권합니다. 그리 바람직한 것은 아니지만 100권의 책을 읽지도 않았으면서 부득이 읽은 척 해야 하는 분들도 남몰래 읽으면 도움이 될 것입니다.

하지만 이 책이 무엇보다도 본래의 목적대로 활용되기를 바랍니다.

부디 『내 인생의 첫 독서 - 100개의 문장으로 읽는 100권의 책』이 청소년이 떠나는 고전 여행에서 첫 디딤돌로 널리 쓰이기를 바랍니다.

2017년 4월

안덕훈

1^부 나를 찾아가는 길에서 만난 문장

2^부 존재와 마주치는 길에서 만난 문장

3부
부
꿈을 찾아가는 길에서 만난 문장

4^부 공동체를 향한 길에서 만난 문장

1부

나를 찾아가는
길에서 만난 문장

먹고 자는 일밖에 할 일이 없다면
인간이란 뭐란 말인가?

『햄릿』 셰익스피어

매일 반복되는 일상, 먹고 자고, 학교—학원—독서실을 다람쥐 쳇바퀴처럼 돌다보면 문득 이런 질문이 떠오르기도 합니다.

"나는 왜 사는 거지?", "이렇게 사는 것이 무슨 의미가 있을까?"

만일 어른들에게 이런 질문을 한다면 꿀밤을 한 대 맞을지도 모릅니다. 하지만 스스로에게 이런 질문을 할 수 있다는 것 자체가 한 단계 성장했다는 것을 의미합니다. 조금 어려운 말로 자기 존재 혹은 정체성에 대한 본질적인 고민이 그 질문 속에 담겨 있기 때문이죠.

대부분 사람들은 일상적인 고민을 하며 살아갑니다. 성적에 대한 고민, 취업에 대한 고민 또는 어떻게 하면 돈을 많이 벌 수 있을까 등등. 그런데 누군가 '나는 누구인가' 또는 '인간의 본질은 무엇인가' 와 같은 고민을 한다면 조금 이상한 사람 취급을 받기도 합니다. 정말 그런 질문은 쓸데없는 것일까요?

셰익스피어의 대표작 『햄릿』의 주인공도 그러한 질문을 스스로에게 던집니다. "죽느냐 사느냐 그것이 문제다."라는 대사로도 유명한 『햄릿』은 인간이 가진 욕망의 본질에 대해 많은 것을 생각하게 합니다.

'먹고 자는 일밖에 할 일이 없다면 인간이란 뭐란 말인가?' 스스로에게 이 질문을 던져 보세요. 물론 정답은 없습니다. 하지만 그 질문을 곱씹어 보는 과정을 통해 마음의 깊이가 한층 깊어지는 것을 느낄 수 있을 것입니다.

먹	고		자	는		일	밖	에		할		일
이		없	다	면		인	간	이	란		뭐	란
말	인	가	?									

세익스피어 (1564~1616) | 영국의 극작가로 역사상 가장 위대한 작가로 꼽히는 인물이다. 그의 대표작으로는 4대 비극 『햄릿』, 『오셀로』, 『맥베스』, 『리어 왕』과 4대 희극 『베니스의 상인』, 『한여름 밤의 꿈』, 『뜻대로 하세요』, 『말괄량이 길들이기』를 꼽을 수 있으며 그 외에도 『로미오와 줄리엣』, 『십이야』 등 수많은 작품을 남겼다.

인생은 가까이에서 보면 비극이지만 멀리서 보면 희극이다

『나의 자서전』 찰리 채플린

시험을 망치고 부모님께 혼날까 봐 거리를 헤매 본 경험이 있나요? 학원을 빼먹고 피시방에서 놀다가 들켜 본 적이 있나요? 아마도 그 순간 부모님에 대한 죄송한 마음과 두려움 때문에 어디론가 도망치고 싶은 심정이었을 것입니다. 하지만 시간이 흐르고 나면 웃으며 얘기할 수 있는 추억이 됩니다.

간혹 무언가 심각하게 고민하는 친구의 이야기를 듣다 보면 '뭘 그런 것 가지고 고민을 하나'라는 생각이 들 때도 있습니다. 친구에게는 심각한 일이 한 발 떨어져서 보면 별것 아니게 보이는 것이죠.

삶의 과정에서 누구나 힘들고 어려운 순간을 만나게 됩니다. 때론 죽고 싶은 생각이 들 정도로 고통스러운 일도 겪게 됩니다. 그럴 땐 자신이 처한 상황을 소설의 한 장면이라고 생각해 보세요. 아니면 10년 뒤 미래의 내가 되어 지난 일을 회상한다고 생각해 보세요. 그러면 엄청나게 커다랗던 문제가 작아지는 것을 느낄 수 있을 것입니다.

역사상 가장 위대한 희극 배우 찰리 채플린은 "인생은 가까이에서 보면 비극이지만 멀리서 보면 희극이다."라고 말했습니다. 비극을 희극으로 만들 수 있는 방법은 바로 '거리두기'라는 교훈을 준 것입니다.

하지만 내 눈에는 재미있는 희극으로 보이더라도 그 일을 겪고 있는 당사자는 고통스러운 비극일 수 있다는 점을 잊어서는 안 됩니다. 고통을 겪고 있는 사람이 스스로 거리두기를 할 수 있도록 위로와 도움을 주어야겠지요.

인	생	은		가	까	이	에	서		보	면
비	극	이	지	만		멀	리	서		보	면	희
극	이	다	.		멀	리	멀	리	서		

찰리 채플린 (1889~1977) | 영국의 희극 배우이자 영화 감독. 《황금광 시대》, 《모던 타임스》, 《위대한 독재자》 등 위대한 대작을 남겼다. 그의 영화에는 코믹적 요소는 물론 당시 정치, 사회에 대한 날카로운 비판이 담겨 있다는 점에서 더욱 위대하게 평가되고 있다.

주체적 인간이라면 소유가 아닌
존재의 삶을 살아야 한다

『소유냐 존재냐』 에리히 프롬

사람이 생존하기 위해서 없어서는 안 될 꼭 필요한 것들이 있습니다. 흔히 생필품이라고 불리는 것들이죠. 과거의 생필품은 의식주에 필요한 최소한의 것들이었습니다. 그러나 오늘날에는 살아가기 위해 필요한 것들이 늘어나고 있습니다. 휴대 전화, 컴퓨터, 자동차, 등등. 과학 기술이 발달하고 물질적으로 풍요로운 사회가 될수록 과거에는 굳이 없어도 되었던 것들이 생필품 목록에 이름을 올리게 된 것입니다.

그러다 보니 우리가 소유하는 것들이 인간의 삶을 위한 수단이 아니라 목적이 되는 해괴한 현상이 벌어지기도 합니다. 최신형 스마트폰을 사기 위해 몇 달 동안 힘든 아르바이트를 하거나 자동차 할부금을 갚기 위해 적성에 맞지 않는 직장을 그만두지 못하고 다녀야 하는 상황이 되면 목적과 수단이 뒤바뀐 게 아닌가 하는 생각이 들게 됩니다.

게다가 오늘날에는 사람을 평가할 때 인품이나 내면의 가치관이 아니라 그 사람이 소유하고 있는 것을 기준으로 삼는 경우가 있습니다. 어떤 자동차를 소유하고 있는가, 몇 평짜리 아파트에 살고 있는가에 따라 사람의 가치가 정해지는 것이 그리 놀라운 일이 아닙니다.

　　한 사람의 존재는 그 자체로 존엄한 가치가 있습니다. 만일 무엇을 소유하고 있느냐로 존재의 가치가 결정된다면 인간의 존엄성은 그가 소유한 물질에 의해 결정되고 마는 것이겠죠. 유대인 출신의 사회 심리학자 에리히 프롬은 『소유냐 존재냐』라는 책에서 독자들에게 묻습니다.

　　"소유 중심의 삶을 살 것인가 아니면 존재 중심의 삶을 살 것인가."

주체적　인간이라면　소유가
아닌　존재의　삶을　살아야
한다.

에리히 프롬 (1900~1980) | 유대인 출신으로 독일 프랑크푸르트에서 태어나 성장한 사회 심리학자이다. 히틀러의 나치 정권이 들어서면서 유대인에 대한 억압이 커지자 미국으로 망명하여 활동하였다. 인간의 참다운 삶의 가치를 추구한 그는 『소유냐 존재냐』, 『자유로부터의 도피』 등의 저서를 남겼다.

만일 아무 일도 일어나지 않았더라면
시간은 없었을 것이다

『고백록』 아우구스티누스

시간이란 무엇일까? 사전적으로는 어떤 시각에서 어떤 시각까지의 사이를 시간이라고 정의합니다. 또한 대부분 시간이란 시작도 없고 끝도 없이 일정한 간격으로 영원히 계속되는 것이라고 생각합니다. 그러나 아인슈타인의 상대성 이론이 등장하면서 시간에 대한 인식도 달라지기 시작했습니다. 시간도 상대적이라는 것입니다. 시간의 상대성 원리는 공상 과학 영화에도 많이 등장하는데 주인공이 과거 또는 미래로 여행하며 흥미진진한 경험을 합니다.

하지만 상대성 이론이 등장하기 전까지 대부분의 학자들은 시간이란 당연히 절대적인 것으로 생각했습니다. 그런데 고대의 철학자 아우구스티누스는 시간의 의미를 다르게 생각했습니다. 과학 수준이 그리 높지 않았던 당시로서 시간에 대한 그의 생각은 매우 특이한 것이었습니다. 아우구스티누스는 시간이란 곧 어떠한 일이 벌어지는 것, 즉 사건의 발생이라고 생각했습니다. 그가 가장 중시한 사건은 무엇보다도 신에 의한 천지 창조입니다. "신이 세상을 창조하기 전에는 무엇이 있었을까?"라는 질문에 대해 아우구스티누스는 시간이란 세상의 창조라는 사건에 의해 생겨났으므로 천지 창조 이전이란 말 자체가 성립할 수 없다고 대답합니다.

우리가 인식하는 시간 역시 경험의 연결 고리로 이루어집니다. 세상에 태어나는 순간부터 각 개인은 자신만의 시간을 만들어 갑니다. 걸음마를 떼고 유치원과 학교에 입학하고 누군가를 사랑하고 때론 고통을 경험하면서 자신의 시간을 만들어 갑니다. 그것은 단순히 시계로 측정할 수 있는 것이 아닙니다. 어떤 일이 일어나고 그것을 경험하고 그 기억이 고리처럼 연결되면서 각자의 고유한 시간이 완성되는 것입니다. 그렇다면 나의 시간을 어떤 사건으로 채워 나가야 할까요? 그것은 각자의 삶을 어떻게 가꾸어 갈 것인가에 대한 고민으로 답할 수 있을 것입니다.

	만	일		아	무		일	도		일	어	나	지
않	았	더	라	면		시	간	은		없	었	을	
것	이	다	.										

아우구스티누스 (354~430) | 초기 그리스도교 교회가 낳은 철학자이자 사상가. 고대 문화 최후의 위인이며 동시에 중세의 새로운 문화를 탄생하게 한 선구자로 꼽힌다. 대표작『고백록』을 통해 신과 영혼에 대한 깊은 성찰을 남겼다.

욕망은 처음에 문을 열어 달라고 간청하다가, 어느덧 손님이 되고, 곧 마음의 주인이 된다

『인간은 무엇으로 사는가』 톨스토이

    욕망은 불행의 원인이 될 수도 있고 성공의 계기가 되기도 합니다. 누구에게나 욕망이 있습니다. 돈을 많이 벌고 싶은 욕망, 사랑하는 이의 마음을 사로잡고 싶은 욕망, 유명한 연예인이 되고 싶은 욕망……. 만일 인간에게 욕망이 없다면 삶의 의미도 사라지게 됩니다. 우리가 현재의 고통을 참으며 열심히 노력하는 이유도 따지고 보면 뭔가 이루고 싶은 욕망이 있기 때문입니다. 그러한 의미에서 욕망은 인간을 발전시키는 원동력이기도 합니다.

    그러나 욕망은 인간을 망치고 잘못된 방향으로 이끄는 몹쓸 악이 될 수도 있습니다. 욕망을 스스로의 노력을 통해 이루려 하지 않고 헛된 망상이나 잘못된 방법으로 만족시키고자 한다면 우리는 욕망의 노예가 됩니다. 가령 값비싼 명품을 욕망하는 이른바 '명품족'을 생각해 봅시다. 그들이 자신의 경제적 능력에 비해 지나치게 비싼 명품을 갖고 싶어 하는 것은 멋지게 보이고 싶은 욕망 때문일 것입니다. 진정으로 멋진 사람이 되고 싶다면 자신의 인성을 키우는 데 힘을 쏟아야 할 것입니다. 그러나 명품족은 스스로 멋있는 사람이 되기 위해 노력하기보다는 과도한 소비를 통해 자신을 과시하려고 합니다. 명품을 구입하면 일시적으로 욕망을 만족시킨 것 같은 느낌이 들긴 하지만 그것은 잠시의 착각에 불과합니다. 얼마 가지 않아 또 다른 욕망에 사로잡히게 되고 결국 욕망의 노예가 되고 맙니다.

누구에게나 욕망은 소중합니다. 그러나 욕망을 조절하고 욕망의 실현을 위해 노력할 수 있을 때, 비로소 자기 삶의 주인이 될 수 있는 것이겠죠.

	욕	망	은		처	음	에		문	을		열	어
달	라	고		간	청	하	다	가	,	어	느	덧	
손	님	이		되	고	,	곧		마	음	의		주
인	이		된	다	.								

톨스토이 (1828~1910) | 러시아의 시인이자 소설가로 세계적인 문호로 꼽히는 작가이다. 『전쟁과 평화』, 『부활』, 『안나카레리나』, 『인간은 무엇으로 사는가』 등의 위대한 작품을 통해 당시 러시아 사회에 대한 비판과 함께 인간의 존엄성을 다루었다.

꿈은 억압된 욕망의 거짓 충족이다

『꿈의 해석』 프로이트

신화나 전설에는 유난히 꿈 이야기가 많이 등장합니다. 신화나 전설에서 꿈은 주로 신의 계시나 예언으로 나타나는 경우가 많습니다. 또한 꿈은 현실에서 불가능한 이상 세계를 나타내기도 합니다. 김만중은 『구운몽』에서 주인공 성진의 꿈을 통해 인간의 욕망과 삶을 표현하기도 했습니다. 오늘날에도 꿈을 신의 계시나 앞으로 벌어질 일에 대한 예언으로 생각하는 사람들이 있습니다. 악몽을 꾼 날에는 예정된 외출을 취소하기도 하고 돼지꿈을 꾸면 복권을 사기도 합니다.

19세기 정신 분석학의 대가인 프로이트는 꿈을 내면에 숨어 있던 욕망이 억압을 뚫고 나온 것으로 보았습니다. 인간의 욕망은 평소 윤리, 도덕, 규율 등 인간의 의식이 만들어 놓은 장치로 인해 억눌려 있습니다. 그런데 잠이 들거나 최면에 빠지면 의식에 의한 통제가 약해지고 그 틈을 타고 무의식에 잠재해 있던 욕망이 밖으로 나오게 된다는 것입니다. 무의식에 존재하는 인간의 욕망은 논리적으로 구분하거나 설명할 수 없는 형태로 존재합니다. 겉으로 드러난 의식은 극히 일부분에 불과하며 억압된 욕망이 꿈틀거리는 무의식의 영역이 대부분을 차지합니다.

프로이트가 발견한 무의식의 세계는 인간의 본질은 무엇인가에 대한 새로운 화두를 던졌습니다. 우리 자신의 본질을 이해하기 위해서는 겉으로 드러난 의식 현상이 아니라 무의식에 잠겨 있는 꿈틀거리는 욕망의 존재를 인정하고 받아들여야 하기 때문입니다.

꿈	은		억	압	된		욕	망	의		거	짓
충	족	이	다	.								

프로이트 (1856~1939) | 오스트리아 출신의 정신 분석학의 창시자. 히스테리 환자를 관찰하고 최면술을 행하며, 인간의 마음에는 무의식이 존재한다고 하였다. 그의 연구는 정신병 환자에 대한 치료를 넘어 인간 본성 등 철학적 주제로 확대되어 지금까지 커다란 흐름을 형성하고 있다.

인간은 노력하는 한
방황하는 존재이다

『파우스트』 괴테

"네가 원하는 모든 것을 이룰 수 있는 능력을 주겠어. 단, 한 가지 조건이 있지."

"한 순간이라도 멈추고 싶을 만큼 만족한다면 너는 죽게 될 거야."

악마 메피스토펠레스는 주인공 파우스트에게 다가와 위와 같이 제안합니다. 그것은 파우스트를 시험하려는 신과 악마와의 게임이기도 했습니다. 노인 파우스트는 메피스토펠레스의 제안을 받아들이고 젊은이로 돌아가 새로운 삶을 살아갑니다. 아름다운 여인 그레트헨을 만나 열정적으로 사랑을 하고 자신의 꿈을 펼쳐 가지만 그것은 불행의 시작이기도 했습니다. 파우스트는 사랑하는 연인을 죽게 만든 충격에서 벗어나 좋은 세상을 만들기 위해 자신의 모든 노력을 쏟아붓습니다. 바다를 막아 기름진 땅을 일구어 지상 낙원을 건설한 파우스트는 어느덧 100세의 노인이 되어 뿌듯한 자부심을 갖게 됩니다.

"너무나 훌륭하도다. 멈추어라 순간이여?"

파우스트는 메피스토펠레스가 파 놓은 함정에 빠져들고 만 것이죠. 하지만 신은 파우스트를 버리지 않고 천사들을 보내 구원합니다.

『파우스트』는 일종의 판타지 소설처럼 재미있게 읽을 수 있습니다. 그러나 이 작품이 위대한 작품으로 남을 수 있었던 까닭은 다른 데 있습니다. 주인공 파우스트는 바로 우리 자신의 모습이기도 합니다. 쾌락과 유혹, 선과 악의 틈에서 끊임없이 방황하며 고민하는 모습은 바로 우리들과 다르지 않습니다. 파우스트는 우리들에게 묻습니다.

'노력하는 한 방황하는 존재' 나는 지금 무엇을 위해 노력하며 방황하고 있는가.

인	간	은		노	력	하	는		한		방	황
하	는		존	재	이	다	.					

괴테 (1749~1832) | 독일 최고의 시인이자 작가로 바이마르 공화국의 재상으로도 활약하였다. 대표적인 저서로는 『빌헬름 마이스터의 수업 시대』, 『젊은 베르테르의 슬픔』 등이 있다. 특히 『파우스트』는 철학, 종교, 정치, 문화 등 다양하고 깊이 있는 내용을 포함하고 있는 작품으로 당시 게르만 민족의 정서와 가치관을 잘 표현하고 있다.

탐험의 욕구는 인간의 본성이다, 우리는 나그네로 시작하여 나그네로 남아 있다

『코스모스』 칼 세이건

은하계 너머에는 무엇이 있을까? UFO는 존재하는가? 우리가 살아가는 우주는 언제 생겼으며 어디를 향해 가는 것일까?

이러한 상상에 빠져들다 보면 시험을 망칠 수도 있습니다. 또 어른들에게 쓸데없는 공상을 한다고 꾸지람을 들을 수도 있습니다. 하지만 인간에게 세상에 대한 호기심이 없었다면 지금의 과학 문명은 존재하지 않았을 것입니다. 우리 인류가 다른 동물들과 달리 문명을 건설할 수 있었던 것은 알지 못하는 것에 대한 무한한 호기심이 있었기 때문입니다. 새로운 세계를 탐험하는 것은 위험한 일입니다. 당장 편안하고 안전한 삶을 살기 위해서라면 가급적 모르는 것에 대한 호기심은 접어 두는 것이 좋습니다. 그러나 우리에겐 미지의 세계를 향한 탐험의 본성이 있습니다. 그것은 위험하고 무모하게 보일 수 있지만 위대한 발견을 이끌어 내는 원동력이기도 합니다.

오래전 고대인들부터 현대에 이르기까지 수많은 과학자들이 우주의 신비를 풀기 위해 노력했습니다. 그러나 여전히 우주는 신비와 미지의 영역으로 남아 있습니다. 칼 세이건의 『코스모스』는 우주의 신비를 재미있게 다룬 책입니다. 우주에 대한 지식을 쌓는 것은 일상생활과는 무관할 수 있습니다. 그러나 신비한 우주를 탐험하는 동안 우리는 보다 넓은 세계를 이해할 수 있는 눈을 가질 수 있으며 나 자신을 보듬을 수 있는 넓은 마음을 가질 수 있습니다.

탐	험	의		욕	구	는		인	간	의		본
성	이	다	,		우	리	는		나	그	네	로		시
작	하	여		나	그	네	로		남	아		있	다	.

칼 세이건 (1934~1996) ㅣ 미국의 천문학자로 미국 항공 우주국(NASA)에서 행성 탐사 계획에 연구원으로 활동했다. 1980년 텔레비전 다큐멘터리 시리즈인 《코스모스 Cosmos》의 해설자로서 생명의 탄생에서부터 우주의 신비에 이르기까지 이해하기 쉽도록 소개하면서 이름을 널리 알렸다. 1996년 화성 탐사 계획에 참여하던 중 사망하였다

목숨을 묻고 싶은 광장을 끝내 찾지 못할 때, 사람은 어떻게 해야 하는가?

『광장』 최인훈

　혼히 인간을 사회적인 동물이라고 합니다. 개인은 각자의 고유한 삶을 살아가지만 사회적 관계 속에서 자신의 존재 가치를 가짐으로써 삶의 의미를 얻을 수 있습니다. 자신이 관계 맺고 있는 사회에서 스스로의 존재감이 사라졌다고 느낄 때 우리는 절망의 늪에 빠지게 됩니다. 평생 동안 믿고 의지했던 사람에게 배신감을 느낄 때, 자신이 옳다고 생각하여 실천했던 가치가 무너져 내릴 때, 개인은 사회 속에서 자신의 존재감을 잃고 살아갈 이유를 상실하게 됩니다.

　『광장』의 주인공 이명준이 바로 그러한 처지에 놓인 인물입니다. 한국 전쟁 과정에서 이명준은 자신이 추구했던 가치가 남한과 북한 어느 곳에서도 승인될 수 없는 것이었음을 깨닫게 됩니다. 포로수용소에서 남한이냐 북한이냐를 두고 선택을 강요받는 상황. 그가 믿었던 가치는 결코 O,X 문제의 정답처럼 손쉽게 고를 수 있는 것이 아니었습니다. 그에게 '광장'은 자유롭게 사람들을 만나고 자유롭게 이야기를 나눌 수 있는 공간을 의미했습니다. 하지만 남과 북 모두 그에게 하나의 선택만을 강요했을 뿐, '이명준'이라는 개인의 존재에는 아무런 관심도 의미도 부여하지 않았습니다. 결국 중립국을 선택한 이명준은 자신의 존재 가치를 상실한 채 인도행 뱃머리에서 바다를 향해 몸을 던지게 됩니다.

작가 최인훈이 『광장』에서 제기한 문제의식은 지금도 유효합니다. 작가는 주인공 이명준의 입을 통해 우리들에게 이렇고 묻고 있습니다.

"당신은 목숨을 묻고 싶은 광장을 찾았는가."

목	숨	을		묻	고		싶	은		광	장	을
끝	내		찾	지		못	할		때	,	사	람	은
어	떻	게		해	야		하	는	가	?		

최인훈 (1936~) | 1960년대 한국을 대표하는 소설가로서 특히 분단 문제를 본격적으로 다룬 작가이다. 작품으로는 『광장』, 『회색인』, 『화두』, 『태풍』 등이 있다, 서울예술대학 문예창작과 교수를 역임했다.

인간이 인식할 최고의 가치는
이데아이다

『국가』 플라톤

　영원히 변하지 않는 진리는 어디에 있는가. 진리를 추구하기 위해서는 무엇을 해야 하는가.

　그리스의 철학자 플라톤의 사상을 한마디로 표현할 수 있는 단어는 '이데아 Idea'입니다. 이데아의 세계는 우리 눈으로는 볼 수 없는 완벽한 이상 세계와 같은 곳입니다. 참되고 영원한 진리는 우리가 살고 있는 현실 세계가 아니라 바로 이데아의 세계에 있다는 것이지요. 우리 눈에 보이는 현실 세계는 이데아에 있는 완벽한 것들을 모방한 세계에 불과하다는 것입니다.

　플라톤은 '동굴의 비유'를 통해 이데아와 현상 세계를 설명합니다. 인간은 사슬에 묶여 동굴 속에 갇힌 채 안쪽 벽면만을 바라보고 살아가는 존재입니다. 벽면에는 마치 영화 스크린처럼 수많은 것들이 비춰지지만 그것은 진짜가 아니라 이데아의 그림자에 불과합니다. 말하자면 우리는 우물 안 개구리 같은 존재라는 것이지요. 진짜 진리를 알기 위해서는 사슬을 끊고 동굴 밖으로 나와야만 하는데, 이성과 지혜를 갖춘 철학자만이 동굴 밖 세상으로 나갈 수 있는 것입니다. 만일 동굴 벽에 비친 그림자를 진짜라고 생각하는 사람이 나라를 다스린다면 국가는 잘못된 길로 가게 될 것입니다. 그러므로 플라톤은 국가 지도자로서의 자격은 동굴 밖 진리의 세계를 경험한 철학자에게만 있다고 주장합니다(철인 정치).

　우리는 당장 눈앞에 보이는 현상에 현혹되는 경우가 많습니다. 플라톤의 사상은 오늘날을 살아가는 우리에게 진정한 가치와 진리를 향해 끊임없이 노력해야 한다는 교훈을 줍니다.

| 인 | 간 | 이 | | 인 | 식 | 할 | | 최 | 고 | 의 | | 가 |
| 치 | 는 | | 이 | 데 | 아 | 이 | 다 | . | | | | |

플라톤 (BC 427~BC 347) | 고대 그리스의 철학자. 감각적 세계에 대한 인식은 거짓에 불과하며 지혜와 영혼을 통해 변치 않는 진리를 발견할 수 있다고 보았다. 소크라테스의 제자이기도 한 그는 스승의 말씀을 담은 『대화편』을 저술하였으며 자신의 사상을 집대성한 책으로 『국가』를 남겼다.

악은 평범하다, 누구의 마음속에도 악은 존재한다

『예루살렘의 아이히만』 한나 아렌트

1960년 5월 이스라엘의 비밀경찰 모사드 요원들에게 극비 명령이 떨어졌습니다.

"아르헨티나에 숨어 지내고 있는 아이히만을 체포하라!"

아이히만, 제2차 세계 대전 당시 600만 명의 유대인을 학살한 책임자. 그는 비밀 요원에 의해 체포되어 이스라엘로 압송되고 1961년 12월 예루살렘 재판정에 서게 됩니다. 세계 언론이 살인자 아이히만을 카메라에 담기 위해 모여들었습니다. 모두들 끔찍한 모습의 악마를 연상하며 그가 법정에 나타나기를 기다렸습니다.

그런데, 아이히만은 악마도 괴물도 아니었습니다. 아내에겐 다정한 남편이었으며 딸에겐 넘치는 사랑을 베푸는 아버지였습니다. 그는 법정에서 이렇게 주장합니다.

"나는 무죄입니다. 나는 공무원으로서 나에게 주어진 임무를 충실하게 수행했을 뿐입니다."

방청석에는 특별한 한 사람이 있었습니다. 독일 출신 유대인 여성 철학자인 한나 아렌트였습니다. 그는 아이히만의 재판 전 과정을 책으로 남기게 되는데 그 책이 바로 『예루살렘의 아이히만』입니다.

'악의 평범성(Banaltiy of evil)', 한나 아렌트는 이 책에서 악은 특별한 사람이 저지르는 것이 아니라 평범한 사람의 마음속에 존재한다고 결론을 내립니다.

1962년 6월 1일 아이히만은 사형에 처해집니다. 부당한 명령에 대해 의심하지 않고 맹목적으로 따른 죄 때문이었습니다.

악	은		평	범	하	다	,	누	구	의		마
음	속	에	도		악	은		존	재	한	다	.

한나 아렌트 (1906~1975) | 독일 출신 유대인 여성 철학자. 나치를 피해 미국으로 이주하여, 제1, 2차 세계 대전 등 세계사적 사건을 겪으며 전체주의에 대해 비판하였고 사회적 악과 폭력의 본질에 대해 연구하였다. 『예루살렘의 아이히만』, 『전체주의의 기원』, 『폭력의 세기』 등의 저서를 남겼다.

012

나는 생각한다,
그러므로 나는 존재한다

『방법서설』 데카르트

지금 내 눈에 보이는 것이 진짜일까? 귀에 들리는 소리는? 손에 만져지는 감촉과 코를 간질이는 향긋한 냄새는 정말 의심 없이 진짜라고 할 수 있을까? 혹시 누군가 나의 감각을 조작하여 없는 것을 있는 것처럼 또는 가짜를 진짜처럼 속이고 있는 것은 아닐까?

마치 공상 과학 영화에나 나올 법한 이야기라고요? 하지만 우리의 시각, 촉각, 후각 등 감각을 완벽하게 믿을 수 있을까요? 유리컵에 담가 둔 젓가락은 우리 눈에 굴절된 모습으로 꺾여 보이지만 실제는 그렇지 않습니다. 몸이 아프면 환청이 들리기도 하고 헛것이 보이기도 합니다. 그리고 보면 인간의 감각은 그리 믿을 만한 것이 못 됩니다. 그렇다면 그동안 진짜라고 믿었던 것들을 의심을 해 봐야 합니다.

오래전에 이 같은 의심을 했던 철학자가 있었습니다. 바로 데카르트라는 사람이죠. 그는 모든 것을 의심하였습니다. 나의 감각이 진짜라고 확신할 수 없다면 내가 지금 존재한다는 것도 믿을 수 없는 일입니다. 공상 과학 영화에서처럼 외계인이 우리를 조작하고 있는 것인지도 모르니까요.

끊임없이 의심을 거듭한 데카르트는 이 세상의 모든 것, 심지어는 나 자신의 존재조차 확신할 수 없다는 결론에 이르게 됩니다. 하지만 단 한 가지 더 이상 의심할 수 없이 확실한 것이 있었습니다. 그것은 '지금 나 자신이 의심하고 있다'는 사실입니다. 무언가 의심할 수 있다는 것은 인간에게 '이성'이 있기 때문입니다. 즉 이성은 내가 존재할 수 있는 근거이며 인간의 본질인 셈이지요.

  데카르트의 이러한 생각이 담긴 책이 『방법서설』입니다. 어때요. 데카르트와 함께 '의심 여행'을 떠나 볼까요?

나는 생각한다, 그러므로
나는 존재한다.

데카르트 (1596~1650) | 근대 철학의 아버지라는 별명으로도 유명한 프랑스 출신의 철학자. 그는 신 중심의 사회였던 중세적 사고방식을 뒤집고 인간의 이성을 세계의 본질로 생각했다. 데카르트에 의한 이성의 발견은 근대 문명의 기초가 되어 서구의 과학 문명을 꽃피우는 역할을 하였다.

013

모든 생물 종은 신이 만든 그대로가 아니라 스스로 끊임없이 변화한다

『종의 기원』 찰스 다윈

19세기 서양 사회를 뿌리째 뒤흔든 세 권의 책이 있습니다. 무의식을 발견한 프로이트의 『꿈의 해석』, 자본주의의 모순을 밝힌 마르크스의 『자본론』 그리고 또 하나가 다윈의 『종의 기원』입니다.

다윈이 이 책에서 진화론을 주장했다는 사실은 누구나 알고 있을 것입니다. 하지만 『종의 기원』을 직접 읽어 본 사람을 만나기란 쉽지 않습니다.

다윈의 진화론은 오늘날 많은 학자들에 의해 다듬어져 생명의 탄생과 변화에 대한 정설로 받아들여지고 있습니다. 하지만 19세기 당시만 해도 다윈의 주장은 세상을 뒤집는 핵폭탄과도 같은 것이었습니다. 인간이 유인원과 같은 뿌리에서 진화했다는 견해는 기독교에 뿌리를 둔 서양인들로서는 결코 용납할 수 없는 것이었기 때문입니다. 그러다 보니 다윈의 진화론은 온갖 질시와 왜곡을 겪어야 했고 좋지 못한 방식으로 악용되기도 했습니다.

대단한 책이라고 해도 이미 상식처럼 되어 버린 내용을 굳이 찾아 읽을 필요가 있을까요? 아닙니다. 이 책을 읽는 것은 단지 진화론에 대한 지식을 복습하기 위함이 아닙니다. 견고한 종교적 관념에 맞서 자신이 발견한 엄청난 비밀을 논증해 나가는 다윈의 모습은 스펙터클한 영화 한 편을 보는 것보다 더 흥미진진하며 새로운 감동을 전해 줍니다.

"모든 생물 종은 신이 만든 그대로가 아니라 스스로 끊임없이 변화한다." 이 한 문장을 증명하기 위해 다윈이 행했던 탐험과 관찰의 거대한 드라마가 이 책을 통해 펼쳐질 것입니다.

모	든		생	물		종	은		신	이		만
든		그	대	로	가		아	니	라		스	스	로
끊	임	없	이		변	화	한	다	.			

찰스 다윈 (1809~1882) | 영국의 박물학자. 해군 측량선 비글호에 승선하여, 남아메리카, 오스트레일리아 및 남태평양의 여러 섬을 탐사했으며 당시의 관찰 기록을 토대로 진화론의 기초를 마련하였다. 1859년에 출간한 『종의 기원』으로 기독교 전통의 서구 사회에 커다란 충격을 주었다.

014

아무리 불행한 상황에 빠진다고 해도, 인간에게 이성이 있다는 것을 감사해야 한다

『로빈슨 크루소』 대니얼 디포

배를 타고 모험에 나섰던 한 사내가 무인도에 표류하여 살아가는 이야기를 다룬 『로빈슨 크루소』는 어린 시절 한 번쯤 읽어 본 작품일 것입니다. 문명 세계와 떨어져 홀로 무인도에 남았지만 주인공 로빈슨은 당황하지도, 두려워하지도 않습니다. 오직 근면과 노력으로 집을 짓고 곡식까지 재배하는 등 자신만의 문명 세계를 만들어 갑니다. 또한 식인종에게 붙잡힌 흑인을 구출하여 자신의 하인으로 삼기도 합니다. '로빈슨 크루소'를 재미있는 모험이야기로 접하고 선생님으로부터 "호랑이에게 물려 가도 정신만 차리면 산다."라는 교훈을 배우곤 했지요.

이 작품이 쓰인 때는 1719년입니다. 서양이 근대 사회로 접어들던 시기였습니다. 서양의 근대는 인간이 가진 이성의 힘을 중시하던 시대였습니다. 『로빈슨 크루소』가 오늘날까지 명작으로 전해지고 있는 이유도 바로 여기에 있습니다. 저자인 대니얼 디포는 로빈슨이라는 주인공을 통해 인간 이성의 위대함을 보여 주려고 했던 것입니다. 근대 철학의 아버지 데카르트가 "나는 생각한다, 그러므로 존재한다."라는 명제로 이성을 발견했다면 디포는 이 작품을 통해 이성의 위대함을 보여 주고 있습니다. 인간이 만물의 영장으로서 문명을 건설할 수 있었던 것은 바로 이성의 힘 때문이라는 것입니다.

  그러한 의미에서 이성의 힘으로 무인도에 자신의 문명을 건설한 로빈슨 크루소는 서구 근대 문명을 상징하는 존재가 된 것입니다.

아	무	리		불	행	한		상	황	에		빠
진	다	고		해	도	,	인	간	에	게		이	성
이		있	다	는		것	을		감	사	해	야
한	다	.										

대니얼 디포 (1660~1731) | 영국 출신의 소설가이자 언론인. 『빌부인의 유령 이야기』(1706)로 소설을 쓰기 시작하여 60세가 다 되어 『로빈슨 크루소』를 출간하면서 영국을 대표하는 작가가 되었다. 그의 작품의 특징인 사실적 묘사는 이전에는 없었던 독특한 것이어서 영국 최초의 근대 소설로 평가되고 있다.

015

DNA의 이중 나선 구조는
생명의 본질을 푸는 열쇠였다

『이중 나선』 제임스 왓슨

과학자가 쓴 책을 쉽고 재미있게 읽기란 쉬운 일이 아니죠. 어려운 용어와 낯선 공식이 등장하기 시작하면 곧바로 하품부터 나오기 마련입니다. 그래서 그런지 학생들에게 가장 어렵고 하기 싫은 과목을 꼽으라고 하면 수학 다음으로 과학을 들기도 합니다. 만일 과학 책을 재미있는 소설처럼 읽을 수 있다면 어떨까요. 그런 일은 불가능하다고요? 아닙니다. 소설만큼 재미있고 영화처럼 흥미진진한 과학 책이 있습니다. 바로 『이중 나선』이라는 책입니다. 이 책을 쓴 사람은 DNA의 형태를 최초로 밝히고 1962년에 노벨 생리·의학상을 수상한 제임스 왓슨이라는 과학자입니다.

보통 과학자라고 하면 연구실에만 틀어박혀 사는 무미건조한 사람을 떠올립니다. 하지만 이 책을 읽기 시작하면 그러한 선입견은 순식간에 날아가 버리게됩니다. 노벨상을 받을 정도로 위대한 과학자들도 이성 친구 이야기를 하며 시시덕거리고 때론 서로 질투하며 사소한 일에 삐치는 모습이 이 책 속에 들어 있습니다. 그렇다고 과학자들의 일상을 다룬 책은 아닙니다. 『이중 나선』은 저자인 왓슨과 그의 동료인 크릭이 이중 나선에 관한 진실을 밝혀내기까지의 여정을 그린 책입니다. 오늘날 인간 게놈 지도가 밝혀지고 유전자의 비밀이 풀리게 된 것이 바로 저자인 왓슨과 그의 동료 크릭의 공로라고 할 수 있습니다. 그들이 연구에 몰두할 수 있었던 것은 끊임없는 호기심 덕분이었습니다. 이 책을 읽는 독자 역시 그들이 가졌던 호기심을 함께할 수 있게 됩니다. 어때요. 왓슨과 함께 'DNA의 이중 나선' 구조를 발견하는 희열을 맛보지 않으시렵니까?

> DNA의 이중 나선 구조는 생명의 본질을 푸는 열쇠였다.

제임스 왓슨 (1928~) | 미국의 분자 생물학자. F.H.크릭과 공동 연구로 DNA의 구조에 관하여 이중 나선 모델을 발표하였고, 1962년 F.H.크릭, M.H.F.윌킨스와 함께 DNA의 분자 구조 해명과 유전 정보 전달에 관한 연구 업적으로 노벨 생리·의학상을 수상하였다.

016

인간은 유전자의 명령을 받는 생존 기계이다

『이기적 유전자』 리처드 도킨스

인간의 이타적 본성은 어디에서 온 것일까. 전통적 사상가들은 인간이 가진 이타적 특성을 인간의 선천적인 본성 또는 교육이나 환경과 같은 후천적인 영향으로 생겨난 것이라고 보았습니다. 성선설을 주장한 맹자는 측은지심을 인간의 본성으로 보았고, 순자는 인간의 본성은 악하지만 후천적인 교육과 윤리를 통해 선한 마음을 갖게 할 수 있다고 했지요. 서양의 학자들도 크게 다르지 않습니다. 홉스는 인간이 이기적인 존재이므로 국가 권력이 개인의 이기적이고 악한 행위를 통제해야 한다고 본 반면 루소는 자연 상태에서는 인간의 본성을 선한 것으로 보았습니다.

그런데 최근 진화 생물학의 발달로 새로운 주장이 등장했습니다. 영국의 동물행동학자 도킨스는 『이기적 유전자』에서 '인간은 유전자의 꼭두각시' 라고 주장합니다. 인간 각자가 자신의 자유 의지에 의해 행동하고 판단하는 것이 아니라 유전자의 명령에 따라 행동하는 '생존 기계'에 불과하다는 것입니다. 이타적인 행위(가령 자식에 대한 부모의 희생)도 숭고한 사랑 때문이 아니라 유전자의 복제를 잘 수행하기 위해 유전자에 의해 명령된 행위일 뿐이라는 것이죠.

이러한 주장은 기존의 윤리와 도덕 그리고 종교적 가치를 근본부터 흔드는 엄

청난 사건이었습니다. 특히 창조론을 신봉해 온 서구 사회에서 그 충격은 대단
했습니다. 『이기적 유전자』를 읽는 동안 독자는 지금까지 믿어 왔던 윤리, 종교
등 거대한 가치관이 송두리째 뒤집히는 경험을 하게 될 것입니다.

인간은 유전자의 명령을
받는 생존 기계이다.

리처드 도킨스 (1941~) | 영국의 동물 행동학자 · 진화 생물학자이다. 『이기적 유전자』, 『만들어진 신』
등의 저자로 널리 알려져 있다. 신은 존재하지 않는다고 주장하여 대중적으로 큰 반항을 불러일으켰으
며 지금도 진화 생물학에 대한 다양한 연구와 집필을 계속하고 있다.

017

죽음은 삶의 반대편에 있는 것이 아니라, 그 일부로서 존재한다

『상실의 시대』 무라카미 하루키

청춘은 그 자체가 혼란이며 방황이지요. 꿈과 이상, 우정과 사랑, 죽음과 자살 충동 그리고 헤어짐 뒤에 오는 쓰라린 상처가 뒤범벅이 되어 무엇이라고 정의 내리기도 불가능한 시기입니다. 소설 『상실의 시대』는 청춘들의 이야기입니다. 그래서 아픕니다. 거창한 사건이나 잔인한 장면이 있는 것도 아닌데, 그저 흔한 젊은이의 사소하고 소심한 이야기가 전개될 뿐인데, 주인공 와타나베의 이야기를 따라가다 보면 설명할 수 없는 저릿한 통증이 느껴집니다.

사랑하는 사람을 떠나보낸 경험을 가진 사람은 압니다. 내 절반이 흔적도 없이 사라져 버렸는데도 세상은 아무 일도 없다는 듯이 시치미를 떼고 능청스럽게 돌아간다는 사실. 소중한 것을 상실한 후에 찾아오는 아픔은 오롯이 혼자 감당해야 하는 형벌이기도 합니다. 그 형벌이 너무나 고통스러워 간신히 지탱해 온 삶의 끈을 놓아 버리고 싶을 수도 있습니다. 그 때 청춘은 스스로에게 이런 질문을 던지게 됩니다. '죽음과 삶의 경계는 어디에 있는가?' 『상실의 시대』의 작가 무라카미 하루키는 그 질문에 대해 이렇게 대답합니다.

"죽음은 삶의 반대편에 있는 것이 아니라, 그 일부로서 존재한다."

삶이 소중한 것은 항상 그 곁에 죽음이 함께하기 때문인지도 모릅니다. 주인공 와타나베의 방황을 간접 체험하는 동안 우리는 희미하기만 했던 청춘의 형체를 짐작하게 될 것입니다.

죽음은 삶의 반대편에 있는 것이 아니라, 그 일부로서 존재한다.

무라카미 하루키 (1949~) | 일본을 대표하는 소설가. 현대 사회에서 소외된 인물들의 내면을 파헤치는 작품을 쓰는 것으로 유명하다. 『상실의 시대(원제 : 노르웨이의 숲)』를 비롯하여 『바람의 노래를 들어라』, 『해변의 카프카』, 『1Q84』 등의 작품이 있으며 매년 노벨 문학상 후보로 거론되고 있다.

018

새는 알을 깨고 나오려고 투쟁한다

『데미안』 헤르만 헤세

부모님들이 말합니다. "사춘기가 되더니 왜 이렇게 변했니. 아이고, 속 터져!"

속 터지는 건 사춘기를 겪고 있는 학생들도 마찬가지입니다. 이제 더 이상 어린아이가 아닌데 어른들은 여전히 어린애 취급을 합니다. 사사건건 간섭이 이어집니다. 혼자 있고 싶어서 문을 닫으면 노크도 없이 방문을 벌컥 열지를 않나, 공부 계획을 세우고 잠시 휴식을 취하고 있으면 그새를 참지 못한 어른들의 잔소리가 이어집니다. 그러니 그저 입을 다물고 어른들의 잔소리를 듣는 둥 마는 둥 흘려버리는 수밖에요.

왜 사람은 누구나 사춘기를 겪어야 하는 것일까요? 사춘기는 기존에 익숙했던 틀을 깨는 시기입니다. 마치 새가 알을 깨고 나와야 자유롭게 창공을 날 수 있는 것과 같습니다. 부모님의 품속은 새의 알 속처럼 안전하고 아늑합니다. 하지만 그 안에서만 지내면 결코 독립적인 인격체로 성장할 수 없습니다. 새는 누구의 도움도 없이 스스로 알을 깨기 위해 온 힘을 다해 발버둥을 칩니다. 그것은 자신을 둘러싼 세계와 첫 번째 투쟁을 벌이는 것이기도 하지요.

인간에게 사춘기는 바로 세상으로 나와 스스로 날갯짓을 하기 위한 투쟁의 시기입니다. 투쟁의 대상은 부모님, 선생님, 친구들 그리고 이 세상 전체일 수도 있습니다.

    소설 『데미안』은 주인공 싱클레어가 그의 멘토 데미안과 함께 사춘기의 터널을 빠져나오는 이야기입니다. 만일 사춘기의 방황으로 고통을 받고 있다면 『데미안』을 만나 보세요. 물론 그 안에 정답 같은 것은 존재하지 않습니다. 그러나 우리가 겪고 있는 정체 모를 고민과 고통의 원인 그리고 나 스스로 바라보아야 할 곳이 어딘지를 깨닫는 경험을 하게 해 줄 것입니다.

새	는		알	을		깨	고		나	오	려	고
투	쟁	한	다	.								

헤르만 헤세 (1877~1962) | 독일의 소설가이자 시인. 주요 작품으로 『수레바퀴 아래서』, 『데미안』, 『싯다르타』 등이 있다. 휴머니즘과 인간의 내면을 묘사한 작품으로 특히 청소년기에 읽으면 좋은 작품을 많이 남겼다. 『유리알 유희』로 1946년 노벨 문학상을 수상하였다.

019

아는 것을 안다고 하고 모르는 것을 모른다고 하는 것, 그것이 진정한 앎이다

『논어』 공자

"아는 것을 안다고 하고, 모르는 것은 모른다고 하는 것, 그것이 진정한 앎이다." 知之爲知之(지지위지지) 不知爲不知(부지위부지) 是知也(시지야).

뭔가 알 듯하면서도 무슨 의미인지 잘 납득이 가질 않죠? 동양 고전들이 보통 그렇습니다. 정확한 답을 알려 주지 않으니 조금 읽다 보면 지루해지기도 합니다.

공자가 살던 춘추 시대는 정치적으로나 경제적으로 매우 혼란스러운 때였습니다. 여기저기서 자신의 얕은 학문을 가지고 마치 진리인 양 떠드는 사람이 많았습니다. 자신의 학문이 왕에게 받아들여지면 크게 출세할 수 있는 기회가 생기기 때문이었지요. 공자도 제자들과 함께 각국을 다니며 유세(자기 의견 또는 주장을 선전하며 돌아다님)를 펼쳤습니다. 하지만 사탕발림의 달콤한 말로 왕에게 아첨하는 사람들 때문에 공자의 주장은 번번이 받아들여지지 못했습니다. 그러한 상황에서 제자가 묻는 말에 공자가 위와 같은 대답을 한 것입니다.

오늘날에도 전문가입네 하는 사람들이 너도나도 자신의 주장이 옳다고 목소리를 높이곤 합니다. 하지만 올바른 진리를 추구하기보다는 자신의 이름을 알리고 그것을 이용하여 권력이나 부를 얻으려는 속셈을 가지고 있는 경우가 많습니다. 몇 천 년 전 공자의 말씀이 지금에도 꼭 들어맞는 셈입니다. 『논어』는 공자의 가르침을 담은 책입니다. 여러 나라를 다니며 유세를 펼치던 공자의 모습을 상상하면서 읽어 가다 보면 새로운 깨우침을 얻을 수 있습니다.

아	는		것	을		안	다	고		하	고	
모	르	는		것	을		모	른	다	고		하	는
것	,	그	것	이		진	정	한		앎	이	다	.

공자 (BC 551~BC 479) | 중국 춘추 시대의 사상가이며 유교의 시조이다. 그는 최고의 덕을 사람에 대한 사랑 즉 '인(仁)'으로 보아 그의 사상적 중심으로 삼았고, 정치에 있어서는 위정자가 도덕과 예의로 백성을 교화하는 이상적 지배를 해야 한다고 하였다. 제자인 맹자, 순자 등에 의해 유교 사상이 발전하였다. 공자의 사상은 『논어』에 잘 나타나 있다.

020

그릇은 비어 있어서 쓸모가 있다

『노자』 노자

산다는 것은 늘 새로운 무언가를 만나는 과정이라고 할 수 있습니다. 학년이 바뀌면 새로운 친구들과 선생님을 만나고 새 책으로 공부하게 됩니다. 새로운 만남의 경험이 차곡차곡 쌓이면서 우리는 성장해 나가는 것입니다. 그런데 새로운 만남이 늘 즐겁기만 한 것은 아닙니다. 초등학교에 처음 입학할 때를 생각해 보세요. 부모님의 품을 떠나 학교생활에 적응하는 것이 쉽지는 않았을 것입니다. 낯선 얼굴들과의 만남, 정해진 시간표에 따라 규칙을 지켜야 하는 일 등 익숙하지 않은 환경 때문에 학교에 가기 싫은 적도 있지 않았나요?

사람의 마음은 그릇과 비슷합니다. 그릇에 무언가를 담으려면 공간을 비워 두어야 하지요. 만일 그릇 속에 어제 먹던 밥을 가득 담아 놓고 뚜껑을 닫아 버린다면 새로 만든 신선한 요리를 맛볼 수 있는 기회는 영영 사라지게 됩니다. 새로운 경험을 얻기 위해서는 마음의 그릇을 비워야 합니다. 그러기 위해서는 집착을 버리는 것이 필요합니다. 자신에게 익숙하고 편안한 것만 고집하면 그것은 집착이 됩니다. 즉 그릇을 비우지 못하면 새로움을 받아들일 여유가 없어지게 되는 것입니다.

그릇은 어떠한 음식을 담는가에 따라 그 가치가 결정됩니다. 상한 음식을 담은 그릇은 쓸모가 없듯이, 과거의 경험에만 집착하여 새롭고 다양한 가치를 거부하면 쓸모없는 사람이 됩니다. 중국 춘추 전국 시대의 대표적인 철학자 노자는 진정한 지혜가 무엇인지를 알려 줍니다. 집착과 아집을 버리고 마음의 그릇을 비울 수 있을 때 우리는 진정한 지혜를 얻게 될 것입니다.

	그	릇	은		비	어		있	어	서	쓸	모
가		있	다.							

노자 (BC 570~BC 479 - 정확한 연도는 미상) | 춘추 시대 말기부터 전국 시대 초기까지 활동한 중국의 철학자. 천지 만물의 근원인 도(道)를 강조하고 무위자연(無爲自然)의 태도로 백성을 억압하지 않고 다스려야 한다고 주장하였다.

021

이해하면 사랑하게 된다

『에티카』 스피노자

한번 미운털이 박힌 사람은 무슨 짓을 해도 밉게 보입니다. 더 심하게는 분노와 증오를 불러오기도 합니다. "저 자식하고는 한 마디도 하기 싫어!" 이 정도가 되면 두 사람의 관계는 돌이킬 수 없는 정도가 됩니다. 개인 사이에서만 그런 게 아닙니다. 여당과 야당, 노동자와 사용자 간에도 서로 이러한 갈등과 대립이 흔히 벌어지곤 합니다. 지금도 전 세계에는 테러, 전쟁 등 국가와 민족 간 갈등이 멈추지 않고 있지요. 정치적 이유 또는 종교적 이유 등 다양한 원인이 있지만 모든 갈등은 서로가 상대를 이해하려 하지 않고 자신의 입장과 이익만을 고집하기 때문에 발생합니다.

아무리 원수지간이더라도 상대방을 이해하고 나면 오해를 풀고 증오를 사랑으로 바꿀 수 있습니다. 그러기 위해서는 자신의 이해관계를 떠나 객관적인 시각을 갖는 것이 중요합니다. 최고의 행복 그리고 진정한 자유와 해방을 추구했던 철학자 스피노자는 『에티카』에서 이렇게 말합니다. "상대가 누구이든 비웃거나 탄식하거나 저주하지 말고 오로지 이해하라, 이해하면 증오는 사라지고 사랑하게 된다." 그는 신을 믿었던 사람입니다. 그러나 그가 믿는 신은 하나님 또는 알라신과 같은 특정 종교의 신이 아니었습니다. 그는 이 세상의 모든 만물이 신이라고 보았습니다. 사소한 것이라도 깊이 이해하면 신을 만날 수 있다는 것입니다. 사람이든 사물이든 더 나아가 사상과 가치관까지 깊이 이해하려 한다면 거기에서 신의 원리를 찾을 수 있다는 것을 강조한 스피노자의 정신은 오늘날을 사는 우리들에게 새로운 대안을 제시합니다.

	이	해	하	면		사	랑	하	게		된	다.							

스피노자 (1632~1677) | 네덜란드의 유대계 철학자. 유일신을 부정하고 자연 만물을 신으로 여기는 범신론(汎神論)을 주장하여 파문을 당하는 등 고초를 겪으면서도 자신의 사상을 굽히지 않았다. 저서로 『에티카(윤리학)』, 『지성 개선론』 등이 있으며 독일 철학에 큰 영향을 주었다.

022

신은 인간의 오만에 대해
반드시 보복한다

『역사』 헤로도토스

올림픽의 꽃인 마라톤은 BC 490년 아테네와 페르시아 간의 전투(페르시아 전쟁)에서 유래되었습니다. 아테네 군이 페르시아 군을 격파하자, 기쁜 소식을 아테네 시민들에게 알리기 위해 아테네의 병사인 필립피데스라가 전투를 벌였던 마라톤 벌판에서 아테네까지 약 40킬로미터의 거리를 쉬지 않고 달렸습니다. 숨이 턱에 닿도록 달려 아테네에 도착한 그는 "우리가 승리했다. 아테네 시민이여, 기뻐하라."고 외친 후 쓰러져 죽었다고 합니다. 그것을 기념하기 위해 지금도 올림픽의 마지막 하이라이트로 마라톤 경기가 펼쳐지는 것입니다. 만일 페르시아 전쟁이 역사에 기록되지 않았다면 마라톤 경기도 없었을 것입니다.

역사의 아버지로 불리는 헤로도토스는 고대 그리스의 역사가로서 페르시아 전쟁을 사실 그대로 기록한 사람입니다. 그는 신을 경건하게 섬기는 사람이었으며 역사 또한 신을 섬기듯 경건하고 신성한 자세로 기록했다고 합니다. 당시에도 오만하고 독선적이며 욕심이 가득한 사람들이 있었습니다. 자신의 권력과 이익을 위해 나쁜 짓을 서슴지 않는 사람들도 있었습니다. 헤로도토스는 역사 속에서 그러한 사람들이 반드시 벌을 받는다는 것을 확신하였습니다. 당장은 승리한 것처럼 보이더라도 신은, 즉 역사는 결국 정의의 편을 들어 준다는 사실을 믿었던 것입니다. "신은 인간의 오만에 대해 반드시 보복한다."는 그의 말은 자신의 이익을 위해 불의를 저지르는 사람들에 대한 준엄한 경고이기도합니다.

	신은		인간의		오만에		대해		
반드시		보복한다.								

헤로도토스 (BC 484?~BC 425?) | 고대 그리스의 역사가. 페르시아 전쟁사를 다룬 『역사』를 써서 서양 최초로 과거의 사실을 문학(서사시) 작품이 아닌 실증적인 학문의 대상으로 삼았기에 역사의 아버지라는 별칭으로 불리기도 한다.

023

삶의 마지막 날에 이르기까지는
누구도 행복하다고 할 수 없도다

『오이디푸스 왕』 소포클레스

　문학사에서 가장 비극적인 운명의 주인공을 꼽는다면 그는 바로 '오이디푸스 왕'일 것입니다. 아버지를 죽이고 어머니와 결혼하게 될 것이라는 신탁의 예언 때문에 태어나자마자 아버지 라이오스에게서 버림을 받은 오이디푸스. 하지만 그는 용맹하고 지혜로운 인물이었습니다. 스핑크스의 수수께끼를 풀고 테베의 왕이 된 그는 아름다운 여인 이오카스테와 결혼하여 행복한 시절을 보냅니다. 그러나 아버지를 죽인 범인이 바로 자기 자신이며 사랑하는 아내는 다름 아닌 자신의 어머니라는 사실을 알게 된 후 오이디푸스는 혼란에 빠지게 됩니다. 아내이자 어머니인 이오카스테도 그 사실을 알고 목을 매 자살하니 그의 슬픔은 더욱 커지게 됩니다. 오이디푸스는 자신의 죄에 대한 벌로 스스로 눈을 찔러 멀게 하고 왕의 자리에서 물러나 광야를 떠돌게 됩니다.

　"삶의 마지막 날에 이르기까지는 누구도 행복하다고 할 수 없도다." 이는 비극의 주인공 오이디푸스의 운명을 뜻하는 것이기도 하지만 예측할 수 없는 삶을 살아가는 우리들에게 한 말이기도 합니다.

　『오이디푸스 왕』은 지금으로부터 약 2500년 전 작품입니다. 이 작품은 후대에 수많은 작품에 영향을 주었으며 지금도 소설, 연극, 영화, 드라마 등에서 패러디

되고 있습니다. 즉 『오이디푸스 왕』은 인류 문학사의 원류이자 보고인 셈이지요. 이 작품을 읽으면서 비극적 운명, 출생의 비밀 등 드라마에서 보았던 익숙한 모티브를 확인해 보는 것으로도 재미와 감동을 더할 것입니다.

삶	의		마	지	막		날	에		이	르	기
까	지	는		누	구	도		행	복	하	다	고
할		수		없	도	다	.					

소포클레스 (BC 496-BC 406) | 고대 그리스 3대 비극 시인의 한 사람. 정치가로서도 활동하였다. 그의 작품은 후대의 문학, 연극 등에 큰 영향을 주었으며 지금도 비극 작품의 원류로 인정되고 있다. 『아이아스』, 『안티고네』, 『오이디푸스 왕』, 『엘렉트라』 등 수많은 작품을 남겼다.

024

네 할 일은 오직 행위에만 있다, 행동의 결과를 네 동기가 되게 하지 마라

『바가바드기타』 브야사

'인도'하면 어떤 이미지가 떠오르나요? 가난한 사람이 많은 나라, 요가와 카레의 나라, 소를 숭배하는 힌두교의 나라……. 맞습니다. 하지만 그것이 인도의 전부는 아닙니다. 과학 기술과 자본주의의 발달을 기준으로 보면 인도는 아직 개발 도상국에 불과합니다. 그러나 인류의 정신 세계를 중심으로 생각한다면 인도는 철학과 사상의 선진국이라고 할 수 있습니다. 특히 동양의 사상과 철학은 인도의 사상에 그 뿌리를 두고 있다고 해도 과언이 아닙니다.

인도의 사상은 고대로부터 내려오는 경전에 의해 전해지고 있는데 『베다』, 『우파니샤드』, 『바가바드기타』를 3대 경전으로 꼽습니다. 그중 '거룩한 자의 노래'란 뜻을 가진 『바가바드기타』는 인간의 본질에 대한 문답을 담은 서사시입니다. 왕권을 위해 형제들을 죽여야 할 것인가라는 도덕적 딜레마에 빠진 고대 인도국 왕자 아르주나에게 스승 크리슈나는 인간으로서의 다르마(의무)에 대해 철학적 개념을 설명해 줍니다. 크리슈나는 전쟁이란 겉으로 보이는 적과의 싸움이 아니라 바로 자기 자신의 내면에 존재하는 부정적 에너지를 극복하는 과정이라는 가르침을 줍니다.

오직 자신의 행위가 정의로운 것인지에 따라 행동해야 한다는 그의 가르침은 행동의 결과(이익과 손실)에 따라 다르게 행동하는 사람들에 대한 날카로운 비판을 담고 있습니다.

네 할 일은 오직 행위에만 있다. 행동의 결과를 네 동기가 되게 하지 마라.

브야사 (BC15세기경으로 추정) | 저자인 브야사는 『바가바드기타』의 주인공이라고 할 수 있는 아르주나의 친척 할아버지이자 스승인 인물이다. 브야사는 힌두교의 주요 성전인 『베다』와 베다의 보조적인 문헌인 『푸라나』를 편찬한 인물이기도 하다. 그러나 그의 생애와 시기에 대해서는 객관적으로 알려진 바가 없다.

025

뉴턴과 같은 위대한 과학자도
거인들의 어깨를 도약판으로 사용했다

『시간의 역사』 스티븐 호킹

현재 생존해 있는 과학자 중에서 가장 위대한 인물을 든다면 단연 스티븐 호킹 박사를 꼽을 수 있을 것입니다. 호킹 박사는 우주의 탄생과 변화를 밝힌 과학자입니다. 젊은 시절 루게릭병에 걸려 오직 손가락 두 개만을 움직일 수 있었지만 복잡하고 어려운 천체 물리학의 수식을 계산하며 블랙홀의 비밀을 밝혀내는 놀라운 업적을 이루었습니다.

우리는 이러한 천재들의 삶을 접할 때마다 그들은 보통 사람들과는 근본적으로 다른 사람들이라는 생각을 하게 됩니다. 그런데 호킹 박사는 위대한 과학 발견은 한 사람의 천재에 의한 것이 아니라 앞서 살다 간 거인의 어깨를 딛고 한 발짝 앞으로 나간 결과라고 말합니다. 그것은 아무리 천재라도 앞서 연구한 선배 과학자의 도움이 없었다면 위대한 발견을 할 수 없다는 의미입니다. 뉴턴은 갈릴레이의 연구 업적이 있었기에 만유인력을 발견할 수 있었고 아인슈타인은 뉴턴이 연구한 이론이 있었기 때문에 상대성 이론을 발견할 수 있었습니다. 호킹 박사는 자신에게 주어진 명성이 선배 과학자의 도움 덕분이라고 말합니다. 그의 말에서 우리는 겸손한 마음을 느낄 수 있습니다.

호킹 박사의 저서 『시간의 역사』는 전문적인 지식이 없는 일반인들도 우주의 원리를 쉽게 이해할 수 있도록 쓴 책입니다. 이 책은 우리에게 우주의 비밀을 알려 주는 것은 물론 인류의 과학 문명이 몇몇 천재들의 전유물이 아니라 수많은 과학자들의 노력이 쌓이고 쌓여 만들어진 성과라는 교훈도 함께 깨닫게 해 줍니다.

뉴턴과 같은 위대한 과학자도 거인들의 어깨를 도약판으로 사용했다.

스티븐 호킹 (1942~) | 영국 출신의 천체 물리학자. 블랙홀이 빛보다 빠른 속도의 입자를 방출하며 뜨거운 물체처럼 빛을 발한다는 학설로 블랙홀에 대한 기존 학설을 뒤집는 연구 업적을 남겼다. 1963년, 전신이 뒤틀리는 루게릭병에 걸려 시한부 인생을 선고받았으나 지금까지 불편한 몸으로 우주에 대한 연구를 계속해 오고 있다.

026

강물 소리는 어떻게 듣느냐에 따라 전혀 달라진다, 귀로 듣지 말고 마음으로 들으려 하라

『열하일기』 박지원

공포 영화를 보고 난 다음 잠자리에 들었습니다. 좀체 잠이 오지 않아서 이불을 뒤집어쓰고 억지로 잠을 청했습니다. 그런데 밖에서 이상한 소리가 들립니다. 마치 드릴로 벽을 뚫는 것 같은 소리였습니다. 영화에서 보았던 좀비가 내 방을 노리고 있는걸까? 이불을 더욱 꽁꽁 싸매고 웅크렸습니다. 그럴수록 소리는 점점 더 커지고 온몸은 식은땀으로 축축하게 젖어 옵니다. 그 때 엄마가 방문을 열고 들어오셨습니다.

"엄마 누가 드릴로 벽을 뚫는 소리 안 들려?"

"웬 뚱딴지 같은 소리니! 냉장고 모터 돌아가는 소리잖아."

매일 듣던 소리였는데 공포 영화를 보고 나서 무섭게 들린 것이었네요.

조선 시대의 실학자 연암 박지원은 청나라에 다녀온 경험을 『열하일기』라는 기행문으로 남겼습니다. 여행 도중 물살이 거세기로 유명한 '요하'라는 강을 배를 타고 건너게 되었는데 사람마다 물살의 소리가 다르게 들리는 것을 알게 되었다고 합니다. 연암은 이를 통해 사물을 올바르게 인식하려면 외부의 영향을 배제하고 순수한 마음으로 판단해야 한다는 것을 깨달았습니다.

『열하일기』는 삶의 지혜를 알려 주는 우리의 소중한 문화유산입니다. 연암 박지원과 함께 청나라 여행을 떠나 볼까요? 마음의 평정과 삶의 지혜를 함께 얻게 될 것입니다.

강	물		소	리	는		어	떻	게		듣	느
냐	에		따	라		전	혀		달	라	진	다 ,
귀	로		듣	지		말	고		마	음	으	로
들	으	려		하	라 .							

박지원 (1737~1805) | 조선 후기의 실학자이자 소설가. 홍대용, 박제가 등과 함께 북학론을 전개하였으며, 『허생전』, 『연암집』 등의 작품을 남겼다. 특히 『열하일기』는 청나라 여행의 경험을 담은 책으로 조선 후기 문학과 사상을 대표하는 걸작이다.

027

별이 빛나는 창공을 보고, 가야 하는 길의 지도를 읽을 수 있던 시대는 얼마나 행복했던가

『소설의 이론』 루카치

동화책을 읽고 아름다운 꿈을 꿀 수 있었던 어린 시절은 얼마나 행복했던가. 그때는 모두가 좋은 편이 되어 악당을 물리치고, 약한 사람들을 돕고, 동화의 결말처럼 정의가 승리하여 진실이 밝혀지는 줄로만 알았습니다. 그것이 우리가 살고 있는 세상인 줄 알았습니다. 그런데 지금 우리가 서 있는 이 세상은 동화책에서 보았던 세상이 아닙니다.

현대인들은 '가야 할 길의 지도'를 잃어버린 사람들일지도 모릅니다. 동화 속 주인공들처럼 언젠가 정의가 승리할 것이라는 믿음을 갖지도 못합니다. 무엇 때문일까요. 헝가리 출신 철학자 루카치는 현대(근대) 사회를 '총체성' 상실의 시대라고 말합니다. 쉽게 말해 '가야 할 길의 지도'를 잃어버린 시대인 것입니다. 우리의 조상들은 시대마다 삶의 방향을 제시해 주는 지도를 가지고 있었습니다. 조선 시대에는 유학 사상이 있었고 고려 시대에는 부처님의 말씀에 따라 살아가면 방황할 필요가 없었습니다. 그런데 지금은 불빛도 없는 밤길을 홀로 걸어가야 하는 시대가 되었습니다.

루카치는 우리의 삶을 되돌아보면 길을 밝혀 줄 희미한 불빛을 만날 수 있다고 합니다. 그러한 노력은 문학, 그중에서도 소설(서사)을 통해 가능하다고 보았습니다. 소설 속에 펼쳐지는 삶의 모습에서 자신의 지도를 발견할 수 있다고 말합니다.

『소설의 이론』은 학생들이 읽기엔 아직 어렵습니다. 인문학을 전공하는 사람들에게도 결코 쉬운 책이 아닙니다. 하지만 '가야 하는 길의 지도'를 찾기 위해 소설의 숲을 탐험해 보는 것은 누구나 가능할 것입니다.

별	이		빛	나	는		창	공	을	보	고,
가	야		하	는		길	의		지	도	를		읽
을		수		있	던		시	대	는		얼	마	나
행	복	했	던	가.						

루카치 (1885~1971) | 헝가리 출신의 문학가이자 철학자. 사실주의 관점에서 사회주의 문예 이론을 체계화하였다. 당시 지식인들에게 다양한 영역에 걸쳐 커다란 영향을 미쳤다. 『역사와 계급 의식』, 『이성의 파괴』, 『소설의 이론』 등의 저서를 남겼다.

028

인간이란 동물은 사치스럽다, 발이 네 개가 있는데도 두 개밖에 사용하지 않는다

『나는 고양이로소이다』 나쓰메 소세키

개나 고양이 같은 반려동물을 키우는 사람들이 많아지고 있습니다. 반려동물들은 어린이들의 친구가 되어 함께 장난치며 놀기도 하고 외로운 어른들에게는 자식처럼 재롱을 부리기도 합니다. 오랫동안 함께 생활한 반려동물은 가족이나 다름없는 소중한 존재가 되기도 합니다. 어떤 사람들은 자신이 키우는 동물을 예쁘게 꾸며 주기 위해 발톱에 매니큐어를 칠해 주고 털을 염색하기도 합니다. 성대 수술, 불임 수술을 시키는 경우도 있다고 합니다. 모두 반려동물을 사랑하고 아끼기 때문이겠지요. 그런데 동물들의 입장에서는 사람들의 이러한 행동을 이해하기 어려울 수도 있지 않을까요?

일본의 작가 나쓰메 소세키의 소설 『나는 고양이로소이다』는 고양이의 입장에서 인간의 모습을 표현한 작품입니다. 주인공인 고양이 '나'는 우연한 기회에 중학교 교사 구샤미 선생의 집에서 살게 됩니다. 주인공 '나'는 집주인과 주변 사람들을 세밀하게 관찰합니다. 고양이의 눈에 비친 사람들의 모습은 어떠했을까요? 주인공 '나'는 인간들의 모습을 생생하게 드러내 보여 줍니다. 뻔뻔한 거짓말, 오만한 태도, 이기적인 행동, 돈 욕심만 부리는 탐욕……. 고양이 화자의 눈에 비친 인간들은 하나같이 세상에서 가장 더럽고 추한 속물들이었습니다.

이 소설은 배꼽을 잡을 만큼 웃기고 재미있습니다. 한참 웃다 보면 인간으로서 부끄러움이 느껴집니다. 마치 고양이에게 나 자신의 이야기를 듣고 있는 듯한 착각이 들 정도입니다.

인	간	이	란		동	물	은		사	치	스	럽
다	,		발	이		네		개	가		있	는	데	도
두		개	밖	에		사	용	하	지		않	는	다	.

나쓰메 소세키 (1867~1916) | 일본의 작가, 평론가, 영문학자. 일본의 소설 문학을 세계적인 수준으로 끌어올린 작가로 알려져 있다. 『나는 고양이로소이다』, 『런던 탑』, 『도련님』 등의 대표작이 있으며 그의 작품은 우리나라에서도 많은 사람들에게 사랑을 받고 있다.

2부

존재와 마주치는
길에서 만난 문장

인류는 다른 생물들과 마찬가지로 탄생 초기부터 가이아(지구)의 한 부분이었다

『가이아』 제임스 러브록

작은 유리병 속에 개미를 기른다고 생각해 봅시다. 개미들은 열심히 일해서 집을 짓고 자신들의 왕국을 건설합니다. 그리고 자신들이 세상의 주인이 되었다고 생각할 것입니다. 하지만 그들은 유리병이라는 작은 세계 속에 갇힌 존재일 뿐입니다. 어쩌면 우리 인간도 유리병 속의 개미처럼 자신이 지구의 주인이라고 착각을 하고 있는 것은 아닐까요? 지구상에는 수많은 생명체들이 공존하고 있습니다. 인간은 이들 생명체들 중 극히 일부에 불과한 존재입니다. 우리가 숨 쉴 수 있는 것은 다른 생명체들이 만들어 낸 산소 덕분이며, 먹고 배설할 수 있는 것 또한 다른 생명체들의 덕택입니다.

그러한 의미에서 지구는 거대한 생명체이기도 합니다. 그렇다면 인간을 포함하여 지구에서 살아가는 모든 생명들은 지구라는 거대한 생명체의 일부를 이루는 세포와 같은 존재일 것입니다. 신체에 세균이 침입하거나 세포에 이상이 생기면 우리 몸이 스스로 병을 치료하듯이 지구도 하나의 생명체로서 자동 조절 기능을 가지고 있습니다. 저자인 러브록은 만일 핵전쟁으로 환경이 파괴되더라도 대지의 여신인 '가이아', 즉 지구는 스스로 자동 조절 기능을 통해 상처를 회복해 나갈 것이라고 단언합니다.

그렇다면 인간이 저지른 환경 오염도 걱정할 필요가 없겠군요?

하지만 기억할 게 있습니다. 몸에 썩은 세포가 생기면 신체는 자신을 보호하기 위해 그 세포를 도려내 버리거나 소멸시키기도 한다는 사실을.

인	류	는		다	른		생	물	들	과		마
찬	가	지	로		탄	생		초	기	부	터	가
이	아	(	지	구	)	의		한		부	분	이	있
다	.											

제임스 러브록 (1919~) ㅣ 가이아 이론을 창시한 영국의 과학자. 가이아 이론은 지구를 하나의 생명체로 보는 이론으로, 그의 저서 『가이아 : 지구상의 생명을 보는 새로운 관점』에서 주창되었다. 암스테르담 〈환경상〉, 미국화학회 〈크로마토그래피상〉, 〈볼보 환경상〉 등을 받았다.

030

나를 둘러싸고 있는 모든 것이 하나의 거대한 우주적 춤을 추고 있다는 것을 깨달았다

『현대 물리학과 동양 사상』 프라초프 카프라

　서양 과학, 특히 물리학은 객관적 진리를 추구합니다. 어떠한 사실이 객관적 진리로 인정받으려면 시간과 장소에 관계없이 누구라도 '참'으로 확인할 수 있도록 증명되어야만 합니다. 그래서 과학은 수학을 통해 진리를 찾습니다. 수학이야말로 언제 어디서나 같은 정답을 이끌어 낼 수 있는 가장 객관적인 학문이기 때문입니다.

　반면, 동양의 전통적 사상은 객관성보다는 주관성 혹은 상대성을 중시합니다. 중국의 사상가 장자는 꿈속에 나타난 나비를 보고 "내가 나비 꿈을 꾼 것인지 아니면 나비가 지금의 나로 환생한 꿈을 꾸고 있는 것인지 알 수 없다."고 했습니다. 흔히 장자의 '호접몽'으로 알려진 이 일화는 진리가 하나가 아니라 보는 관점에 따라 달라질 수 있다는 상대적 진리관을 담고 있습니다.

　객관적 진리를 중시하는 물리학과 상대적 진리를 추구하는 동양 사상은 달라도 너무 달라서 도저히 만날 수 없을 것만 같습니다. 그런데 최근 최첨단의 현대 물리학 분야에서 물리학과 동양 사상 사이에 극적인 만남이 이루어졌습니다. 특히 원자와 전자 등 미립자를 연구하는 '양자 역학'에서는 더 이상 객관적인 진리가 통하지 않게 된 것입니다. "객관적 진리가 없다니!" 혼란에 빠진 서양 과학자들은 결국 동양 사상에 눈을 돌려 해답을 구하게 됩니다.

　카프라의 『현대 물리학과 동양 사상』에는 바로 그러한 이야기가 담겨 있습니다. 비록 동서양이 방법은 다르지만 진리에 가까이 도달하면 서로 만나게 된다는 사실을 알게 해 줍니다.

나를 둘러싸고 있는 모든 것이 하나의 거대한 우주적 춤을 추고 있다는 것을 깨달았다.

프리초프 카프라 (1939~) | 오스트리아 출신의 물리학자. 미국 버클리 연구소에서 오랫동안 소립자 연구를 계속했다. 상대성 이론과 양자 역학을 기반으로 현대 물리학에서 나타난 세계관의 변화와 동양 사상과의 유사성을 비교하였다. 저서로 『새로운 과학과 문명의 전환』, 『탁월한 지혜』, 『신과학과 영성의 시대』 등이 있다.

031

귀하든 천하든 신분을 막론하고
모두 하늘의 신하다

『묵자』 묵자

동양의 사상가하면 흔히 유학 사상의 큰 스승인 공자와 맹자를 떠올리게 됩니다. 유학 사상은 부모와 자식, 임금과 백성 사이의 예의와 법도를 중시하여 후대에 충효 사상의 뿌리가 되었습니다. 물론 예의와 법도를 중시한다고 해서 임금이 백성을 자기 마음대로 부리거나 부모가 자식을 억압하는 것을 용납하는 것은 아닙니다. 임금은 그 이름에 걸맞게 왕도로써 다스리고 부모 또한 인(仁)으로 자식을 가르쳐야 합니다. 하지만 유학 사상은 신분의 차이를 넘어 모든 사람이 평등하다는 주장에는 동의하지 않습니다.

후대에 많이 알려지지는 않았지만 동양에도 모든 인간이 평등하다는 주장을 펼친 사상가가 있었습니다. 그가 바로 묵자입니다. 중국의 전국 시대(BC 403~AD 221)만 해도 묵자의 사상은 공자의 사상과 맞설 정도로 많은 사람들이 동의한 사상이었다고 합니다. 묵자는 천민 출신이었습니다. 성벽을 쌓는 일에 종사하며 온갖 힘든 육체 노동을 감당해야 하는 계층이었습니다. 다른 사상가들이 주로 왕이나 귀족들과 대화하는 동안 묵자는 천민들의 고단한 삶을 보면서 모든 인간은 똑같이 존엄한 존재라는 것을 설파하였습니다.

그의 사상의 핵심은 바로 '겸애'라고 할 수 있습니다. 겸애는 모든 인간을 자신의 몸을 아끼듯 사랑하는 것을 의미합니다. 이러한 묵자의 주장이 권력을 가지고 있던 왕이나 귀족들에게는 눈엣가시처럼 느껴졌을 것입니다. 묵자의 사상이 널리 알려지지 않은 까닭도 그 때문이겠지요. 그러나 오늘날 묵자의 사상은 우리에게 새로운 깨달음을 줍니다. 그가 주장한 '겸애'를 실천할 때 신분과 지위의 귀천을 넘어 인간의 가치가 존중되는 사회를 만들 수 있을 것입니다.

귀	하	든		천	하	든		신	분	을		막
론	하	고		모	두		하	늘	의		신	하다.

묵자 (BC 480 ?~BC 390 ?) ┃ 중국 전국 시대 초기의 사상가. 묵적이라고도 부르며 훗날 제자들이 묵가(墨家)의 사상을 모은 『묵자(墨子)』라는 책을 엮었는데 이 책은 상현(尙賢) · 상동(尙同) · 겸애(兼愛) · 비공(非攻) · 절용(節用) · 절장(節葬) · 천지(天志) · 명귀(明鬼) · 비악(非樂) · 비명(非命)의 10론(十論)을 다루고 있다.

032

한 개의 터럭도 뽑지 않고, 천하를 이롭게 하려고 나서지 않을 때, 비로소 천하가 다스려질 것이다

『열자』, 「양주편」 양주

우리는 윤리와 도덕을 통해 국가를 위해 개인이 희생하는 것은 고귀한 일이라고 배웠습니다. 역사는 국가와 민족을 위해 자신의 목숨을 버렸던 사람들을 위인으로 기록하고 있습니다. 오늘날에도 정치인들은 너나없이 국가를 위해 희생하겠노라 목소리를 높이곤 합니다.

그런데 중국 고대 사상가의 한 사람인 양주는 자신의 터럭 한 가닥을 뽑아 천하를 이롭게 한다고 해도 그렇게 하지 않겠다고 했습니다. 자기밖에 모르는 이기적인 사람이 아니고서야 어찌 이런 말을 할 수 있을까요? 같은 시대를 살았던 맹자도 양주를 비판했다고 합니다.

다른 측면으로 생각해 봅시다. 인류가 문명을 형성한 이래 수많은 사람들이 억울하게 죽어 갔습니다. 그런데 역사적 기록을 보면 강도, 살인 등 개인적인 범죄에 의해 죽은 사람보다 국가에 의해 죽임을 당한 사람들이 훨씬 더 많습니다. 국가와 민족을 위한다는 명목으로 수많은 사람들을 전쟁터로 내몰고 심지어는 집단 학살까지 저지른 경우도 있습니다. 개인의 행복과 안전을 위해 국가가 존재해야 하는데 인류의 역사는 오히려 국가를 위해 개인의 희생을 강요한 사실이 훨씬 많았던 것입니다.

양주는 일찍이 이러한 모순을 간파한 사람입니다. 그가 한낱 터럭 하나도 천하와 바꾸지 않겠다고 한 것은 이기심 때문이 아니라 그럴싸한 명분을 내세워 힘없는 백성들에게 희생을 강요하는 권력을 비판하기 위함이었던 것입니다.

지금 우리가 살아가고 있는 대한민국이라는 국가는 어떤가요. 양주의 비판으로부터 무관하다고 말할 수 있을까요?

한		개	의		터	럭	도		뽑	지		않
고,		천	하	를		이	롭	게		하	려	고
나	서	지		않	을		때,		비	로	소		천
하	가		다	스	려	질		것	이	다.

양주 (BC395경~BC335경) | 중국 전국 시대 초기의 사상가. 도교 사상에 속하는 사상가로 맹자가 "양주와 묵자의 말이 천하에 가득하다."면서 비판했을 정도로 당시 양주의 사상적 영향이 매우 컸던 것으로 보인다. 양주는 직접 저서를 남기지 않았으나 『열자』, 「양주편」에 그의 사상이 기록되어 있다.

033

듣는 것은 보는 것만 못하고,
보는 것은 아는 것만 못하며,
아는 것은 행하는 것만 못하다

『순자』 순자

중국의 사상가 중 순자는 성악설을 주장한 사람으로 알려져 있습니다. 성악설에 의하면 인간은 태어날 때부터 악한 마음을 가지고 있으므로 만일 본성과 욕구를 그대로 둔다면 사람들 사이에 다툼이 일어나고 사회 질서가 어지러워져 혼란을 초래하게 된다는 것입니다. 그러므로 질서를 유지하기 위해서는 법으로 교화하고 예의로 인도해야만 한다는 것입니다. 그래서 순자는 인간을 선하게 만들고 사회의 질서를 잘 유지할 수 있는 방법에 대해 깊은 연구를 하였습니다. 그가 생각한 방법 중 가장 중요한 내용은 올바름을 아는 것에만 머무르지 않고 실천할 수 있도록 하는 것입니다.

인간의 본성은 원래 이기적이고 악하므로 선한 행동에 대해 듣고, 보게 함으로써 선의 중요성을 알게 한 후, 그대로 실천할 수 있도록 해야 한다는 것입니다. 그렇게 하기 위해서는 때론 엄격한 교육과 강력한 법 등 다소 강압적인 방법이 필요하다고 보았습니다.

하지만 순자의 말을 자칫 오해해서는 안 됩니다. 강압적인 방법이 필요하다고 해서 권력을 가진 사람이 자신의 힘을 함부로 사용하는 것까지 용납하는 것은 아니기 때문입니다. 순자는 강제적인 힘은 반드시 올바름을 알고 실천할 수 있는 사람에 의해 이루어져야 하며 결코 자신의 이익이나 권력을 위해 사용해서는 안 된다는 점을 강조하였습니다. 진정한 선은 많이 아는 것보다 아는 것을 스스로 실천할 때 이루어지는 것임을 잊지 말아야 하겠습니다.

> 듣는 것은 보는 것만 못하고, 보는 것은 아는 것만 못하며, 아는 것은 행하는 것만 못하다.

순자 (BC 298년~BC 238) | 중국 전국 시대의 유가 사상가. 맹자의 성선설에 대하여 성악설을 주장한 것으로 잘 알려져 있다. 그는 사회를 건강하게 만들고, 복잡한 인간관계를 도덕적으로 해결하여 올바른 사람을 키워 내는 것이 유가 사상의 목적이라고 주장했다.

034

인간은 태어날 때는 모두 순수하지만 사회생활을 영위하면서 타락한다

『에밀』 장 자크 루소

인간은 본래 선하다는 '성선설' 하면 중국의 사상가 맹자를 떠올리게 됩니다. 그런데 서양에도 맹자와 같이 인간의 본성은 선하다는 주장을 한 사람이 있습니다. 사회계약설로 유명한 프랑스의 철학자 루소입니다. 루소는 철학자로서도 유명하지만 『에밀』이라는 소설을 쓴 천재 작가로도 알려져 있습니다. 『에밀』은 루소의 교육 철학을 다룬 소설입니다. 루소는 인간의 본성을 선하다고 생각했기 때문에 교육도 인간이 타고난 본성을 잃지 않게 하고 자연에 순응하는 방향으로 이루어져야 한다고 보았습니다. 그래서 루소의 교육 이론을 '자연주의 교육'이라고 합니다. 당시 유럽에서는 엄한 규율과 철저한 훈육에 의해 교육이 이루어지고 있었기 때문에 루소가 주장한 자연주의 교육은 매우 획기적이고 놀라운 것이었습니다.

『에밀』은 루소가 스스로 겪은 경험을 바탕으로 쓴 소설인데, 주인공인 에밀이 고아로 태어나 유아기, 아동기, 소년기, 청년기, 성년기에 이르러 결혼을 하기까지의 과정을 쉽고 재미있게 풀어내고 있습니다. 흥미롭게 책을 읽다 보면 자연스럽게 루소가 말하고자 했던 주제를 이해하게 됩니다. 인간은 자유롭고 선하게 태어나지만 사회 제도나 문화 등에 의해 악에 물들고 불행해지므로, 자연과 본성에 가까운 교육으로 참된 인간성을 형성해야 한다는 것입니다.

『에밀』을 읽다 보면 여전히 주입식 교육에 시달리고 있는 한국 학생들을 떠올리게 됩니다. 지금으로부터 약 300년 전에 루소가 주장했던 자연주의 교육이 실현되기에는 아직도 갈 길이 먼 셈입니다.

> 인간은 태어날 때는 모두 순수하지만 사회생활을 영위하면서 타락한다.

장 자크 루소 (1712~1778) | 프랑스의 계몽주의 철학자. 인간의 자유를 최고의 가치로 본 그는 모든 정치적인 억압으로부터 개인의 자유를 쟁취할 수 있어야 한다고 강조했다. 그의 저서 『사회계약론』과 『인간 불평등 기원론』은 당시 가장 위험한 책으로 여겨졌고 훗날 프랑스 혁명의 바탕이 되었다.

035

신에게 죄를 씌우지 마라,
재앙은 인간이 분수를 벗어날 때 나타난다

『오디세이아』 호메로스

『만화 그리스 로마 신화』가 우리나라 어린이들의 필독서로 유행한 적이 있었죠. 아름다움의 여신 아프로디테, 지혜의 여신 아테나, 용맹함의 신 아킬레우스 그리고 신들 중 최고의 신 제우스까지 수많은 영웅들이 등장하는 이야기에 빠져들어 새벽까지 잠을 이루지 못한 경험을 가진 친구들도 많았습니다. 그리스 로마 신화에 등장하는 신들은 서로 사랑하고 질투하고 때론 싸우기도 합니다. 그것은 우리 인간들의 모습과 매우 닮았습니다. 어쩌면 인간들의 삶이 그리스 로마 신들을 닮은 것인지도 모르지요.

우리들에게 익숙한 그리스 로마 신화 속의 이야기들 중 많은 부분이 그리스의 서사시인 호메로스의 작품 『오디세이아』에서 유래한 것입니다. 물론 호메로스가 모두 지어낸 이야기는 아닙니다. 전설과 신화로 전해져 오던 이야기를 모아서 호메로스가 서사시로 묶어 낸 것이죠. 주인공 오디세우스가 전쟁에 나갔다가 돌아오는 과정을 거대한 이야기로 풀어내는 『오디세이아』는 서양 문학의 원형으로 평가받고 있으며 지금도 끊임없이 소설과 영화, 드라마로 패러디되고 있습니다. 호메로스는 이 거대한 이야기를 통해 우리에게 하나의 교훈을 던져 줍니다. 자신이 한 행동에 대해서는 반드시 책임을 져야 한다는 것이죠. 그것을 "신

에게 죄를 씌우지 마라, 재앙은 인간이 분수를 벗어날 때 나타난다." 라는 말로
표현했습니다. 이 책은 사람이 살아가는 동안 겪어야 하는 갈등과 고통, 환희와
좌절 등 삶의 굴곡을 보여 줌으로써 창조적 활동을 위한 든든한 자산이 되어 줄
것입니다.

신	에	게		죄	를		씌	우	지		마	라,
재	앙	은		인	간	이		분	수	를		벗	어
날		때		나	타	난	다.					

호메로스 (BC800?~BC750?) | 고대 그리스의 작가. 출생지에 대해서는 소아시아 서해안의 스미르나
또는 키오스로 알려져 있다. 시각 장애인이었다는 설도 있으나 정확하지는 않다. 그의 서사시 『일리아
스』와 『오디세이아』는 서양 문학의 원류이자 기원으로서 서양 문명을 이해하기 위해 반드시 거쳐야 하
는 관문으로 여겨지고 있다.

036

인간이야말로 인간 자신의 목적이다

『시지프의 신화』 알베르 카뮈

인간으로 살아가는 일은 결코 쉬운 일이 아니죠. 거창하게 철학자들의 입을 빌리지 않더라도 우리는 일상 속에서 하루하루가 힘겹게 느껴지는 경험을 하게 됩니다. 학생이라면 공부에 지치고 시험 결과에 절망할 때마다 삶의 고통을 경험하게 됩니다. '정말로 신이 있다면 왜 나를 이토록 하찮은 존재로 만들었을까?' 하고 하늘을 원망하기도 합니다.

그리스 신화에 등장하는 시지프는 신의 권위에 도전하였다는 죄로 커다란 돌을 밀어서 산 정상까지 올려야 하는 벌을 받게 됩니다. 그러나 정상에 도착하면 거대한 돌은 아래로 굴러떨어지고 시지프는 다시 처음부터 돌을 끌어올려야 하는 일을 반복하는 불행한 운명에 빠지게 됩니다. 카뮈는 이 이야기를 모티브로 철학적 에세이 『시지프의 신화』를 씁니다.

고통스러운 형벌을 무한 반복해야 하는 시지프처럼 우리 인간 역시 무의미하고 반복적인 삶을 고통스럽게 이어 가는 존재입니다. 그렇다면 차라리 무의미한 삶을 스스로 끊어 버리는 것이 더 현명한 길이 아닐까요? 하지만 까뮈는 말합니다. 삶이란 무의미하고 힘겨운 일의 반복처럼 보이지만 그 과정에 의미가 있는 것이라고.

신화 속의 시지프처럼 우리 인간도 영원히 정상에 도달할 수는 없을 것입니다. 하지만 인간은 목적을 달성하기 위해 필요한 도구가 아닙니다. "인생이 살만한 가치가 있느냐 없느냐를 판단하는 것이야말로 철학의 근본 문제에 답하는 것이다."라는 카뮈의 말처럼 비록 고통스러운 삶을 반복해야 하는 하찮은 존재이더라도 각자의 인간은 그 자체가 자신의 목적인 것입니다.

인	간	이	야	말	로		인	간		자	신	의
목	적	이	다	.							

알베르 카뮈 (1913~1960) | 프랑스의 소설가이자 극작가. 실존주의의 대표 작가로 꼽히는 그는 인간 삶의 부조리함을 파고든 작품으로 독자로 하여금 삶의 본 모습을 통찰하게 한다. 『이방인』, 『페스트』, 『시지프의 신화』 등의 작품을 남겼으며, 1957년 노벨 문학상을 수상했다.

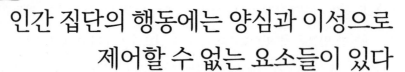

037

인간 집단의 행동에는 양심과 이성으로 제어할 수 없는 요소들이 있다

『도덕적 인간과 비도덕적 사회』 라인홀드 니버

인기 스포츠 경기가 벌어지는 곳에는 으레 팬들의 열광적인 응원이 펼쳐집니다. 그런데 가끔씩은 열광적인 팬들의 응원 열기가 도를 넘어 폭력으로 번지는 경우가 있지요. 유럽에서 중요한 축구 경기가 열리는 날이면 경찰들은 비상이 걸린답니다. 흥분한 '광팬'들이 어떤 일을 벌일지 예상할 수 없기 때문입니다. 자신들이 응원하는 팀이 패하면 상대편 응원단과 몸싸움을 벌이는 것은 예사이고 선수들이 타고 온 버스에 불을 지르거나 경기장 담장을 무너뜨리는 일까지 벌어진다고 합니다. 얼핏 생각하면 그런 짓을 하는 사람들은 조폭 집단이거나 정신적으로 문제가 있는 사람들일 거라고 생각하기 쉽습니다. 그런데 폭력적인 행동을 한 사람들의 특성을 조사해 보면 그들 대부분은 지극히 평범한 사람들이거나 개중엔 의사, 변호사, 대기업의 임원 등 사회적으로 상류층에 속한 사람들도 다수라고 합니다.

우리 주변에도 개인적으로는 예의 바르고 합리적인 사람이 집단의 구성원이 되면 이기적이거나 과격한 행동을 하는 경우를 발견할 수 있습니다. 집값이 떨어지는 것을 우려하여 장애인을 위한 시설을 짓는 것을 집단적으로 반대하거나, 선거철만 되면 후보의 능력과 자질보다 자신과 같은 지역 출신에 따라 몰표를 던지는 지역주의가 그 사례가 될 것입니다.

이러한 집단 이기주의는 사회의 약자나 소수자들에게 가하는 집단 폭력이 될 수 있습니다. 미국의 사회학자 라인홀드 니버는 사회 집단의 악(惡)을 견제하기 위해서는 개개인의 양심이나 윤리 의식만으로는 부족하며 사회가 악을 견제하는 강제력을 지녀야 한다고 주장하였습니다.

인간 집단의 행동에는 양심과 이성으로 제어할 수 없는 요소들이 있다.

라인홀드 니버 (1892~1971) | 미국의 사회신학자. 『도덕적 인간과 비도덕적 사회』라는 책으로 유명한 그는 사회는 구성원 개인의 도덕과 양심만으로는 정의로워질 수 없다는 사실을 날카롭게 분석하고 그 해결책 모색을 위해 평생에 걸쳐 노력했다.

038

여성은 태어나는 것이 아니라
만들어지는 것이다

『제2의 성』 시몬 드 보부아르

"넌 여자애가 조신하지 못하게 왜 다리를 쩍 벌리고 앉니?"

"야! 사내자식이 계집애처럼 인형 놀이를 해?"

여러분의 부모님들이 어린 시절 많이 듣던 이야기입니다. 여러분은 이와 비슷한 꾸중을 들어 본 적이 있나요? 예전보다는 드물지만 요즘도 일부 어른들이 자녀들을 이렇게 나무라는 것을 종종 볼 수 있습니다. 일반적으로 남자아이들보다 여자아이들에게는 어른들의 꾸지람이 더 심했습니다. 대부분의 여자아이들은 어린 시절부터 '여자다운' 아이로 자라도록 부모님을 비롯한 주변 어른들의 각별한 충고와 꾸지람을 들어야 했습니다.

생일날 여자아이들이 받는 선물은 주로 인형이나 소꿉놀이 장난감이었습니다. 만일 남자아이들과 어울려 전쟁놀이를 하거나 축구와 같은 격렬한 놀이를 하면 여지없이 부모님의 꾸지람을 들어야 했습니다. 장래 희망을 정할 때도 여자아이들은 의사보다는 간호사를, 대통령이나 장군보다는 교사나 약사 같은 꿈을 꾸도록 은근한 압력을 받았습니다. 그것이 여자에게 어울린다는 이유 때문이었지요.

그러한 과정을 겪으며 성장한 대부분의 여자아이들은 어느새 얌전하고 조신한, 즉 여성스러운 숙녀가 됩니다. 여성 해방을 주장한 프랑스의 철학자 보부아르는 모든 문명사회가 남성 중심의 사회이고 여성은 남성을 보조하는 역할로 키워진다고 보았습니다. 선천적으로 여성이 남성보다 열등한 것이 아니라 후천적으로 여성스럽게 교육되고 훈육되어 만들어진다고 본 것입니다.

　보부아르의 이러한 주장은 여성 운동의 시발점이 되었고 여성 해방 운동의 바탕이 되었습니다.

> 여성은 태어나는 것이 아니라 만들어지는 것이다.

시몬 드 보부아르 (1908~1986) | 프랑스의 작가이자 철학자. 노인 문제, 여성의 사회 문제 등 주로 사회적 약자에 깊은 관심을 가졌으며 동료이자 남편인 사르트르와 세계 최초로 계약 결혼을 한 것으로도 유명하다.

039

동양인이란 사실상 유럽인의 머릿속에서 조작된 것이다

『오리엔탈리즘』 에드워드 사이드

할리우드 영화의 주인공은 주로 백인입니다. 유색 인종이 주인공인 경우라도 그 사람의 직업이나 가치관은 철저히 미국 문명을 옹호하고 지지하는 역할로 그려집니다. 범죄 집단을 소탕하는 경찰관이거나, 외계인과 싸우는 영웅이거나, 또는 사회 정의를 위해 자신의 몸을 불사르는 희생자의 모습으로 관객들에게 전해집니다. 그러한 현상은 영화뿐 아니라 문화, 교육, 정치, 경제 등 모든 분야에서 다양하게 나타납니다. 여기에는 서양적인 것은 우월하고 나머지는 열등하다는 인식이 공통적으로 깔려 있습니다.

서양과 동양의 중간 지대라고 할 수 있는 팔레스타인 출신의 사회학자 에드워드 사이드는 이러한 인식을 '오리엔탈리즘'이라고 정의하였습니다. 오리엔탈리즘은 서양인의 시각을 기준으로 만들어진 동양의 모습이라는 뜻으로 〈서구 = 정상, 비서구 = 비정상〉, 〈서구 = 선진, 비서구 = 전근대〉, 〈서구 = 세련, 비서구 = 촌스러움〉과 같은 인식을 퍼뜨렸다고 봅니다.

문제는 서양인이 아닌 사람들도 그러한 생각을 자연스럽게 받아들인다는 것입니다. 우리의 경우만 보더라도 그러한 사례를 쉽게 찾을 수 있습니다. 같은 외국인이더라도 백인에게는 친절하면서 유색 인종은 아래로 내려다보는 인식이 존재합니다. 지식인 사회에서도 어느 나라에 유학을 다녀왔는가에 따라 능력이 평가되기도 합니다. 우리 사회에도 일명 '우리 안의 오리엔탈리즘'이 널리 퍼져 있는 것입니다.

　서양과 동양에 대한 오리엔탈리즘적 인식은 사실이 아니라 서양인의 기준에 의해 만들어진 허구라는 것을 간파할 때 동양의 진정한 모습을 인식할 수 있을 것입니다.

동	양	인	이	란		사	실	상		유	럽	인
의		머	릿	속	에	서		조	작	된		것	이
다	.											

에드워드 사이드 (1935~2003) | 팔레스타인 출신의 사회학자. 영국 치하의 예루살렘에서 팔레스타인 인으로 출생하여 에드워드라는 영국식 이름과 사이드라는 아랍 성(姓)이 조합된 이름을 가지게 되었다. 1947년 이스라엘이 건국되자 미국으로 건너가 프린스턴 대학을 졸업하고 하버드 대학에서 박사 학위 를 받았다. 『오리엔탈리즘』, 『문화와 제국주의』 등의 저서를 남겼다.

040

흑인은 흑인이다,
백인이 되려 하지 말고 자신으로부터의
해방을 추구하라

『검은 피부 하얀 가면』 프란츠 파농

흑인으로서 의사이자 정신 분석학자였던 프란츠 파농은 흑인 해방을 꿈꾸었던 사회 운동가이기도 했습니다. 당시 인종 차별에 시달리는 많은 흑인들이 자신의 정체성을 부정하고 백인 사회에 적응하려는 모습을 보였습니다. 파농은 진정한 흑인 해방은 흑인으로서 당당하게 자신의 정체성을 추구하는 것이라며 이들을 비판하였고 위와 같은 말을 남겼습니다.

이 말은 흑인들에게만 해당되는 이야기가 아닙니다. 바로 우리 한국인들을 비판하는 말이기도 합니다. 과거 일제 치하의 상황을 생각해 볼까요? 독립을 위해 목숨을 걸고 싸웠던 사람들도 있지만 반대로 부귀영화를 좇아 일본 제국주의에 아부한 사람들도 적지 않았습니다. 그들은 자신이 조선 사람이라는 것을 스스로 부끄럽게 여기고 일본인이 되려고 노력했습니다. 이름도 일본식으로 바꾸고 일본 왕에게 충성을 맹세하는 혈서를 쓰기도 했습니다. 하지만 조선 사람으로서의 정체성을 근본적으로 바꿀 수는 없었습니다.

지금은 달라졌을까요? 미국 국적을 얻기 위해 원정 출산을 하거나, 영어를 배우기 위해 우리말도 서툰 어린 나이에 조기 유학을 보내기도 합니다. 하지만 한국인으로서의 정체성은 근본적으로 변하지 않을 것입니다. 흑인들이 백인이 되

기 위해 온갖 노력을 하더라도 그것은 진정한 해방이 아니라 또 다른 형태의 굴
종이 됩니다.

　우리도 한국인으로서의 정체성을 가지고 스스로의 억압으로부터 자유로울 수
있어야 하지 않을까요?

흑	인	은		흑	인	이	다	,	백	인	이
되	려		하	지		말	고		자	신	으	로	부
터	의		해	방	을		추	구	하	라	.

프란츠 파농 (1925~1961) | 프랑스의 식민지 알제리 태생의 평론가 · 정신 분석학자 · 사회 철학자. 프
랑스 해군에 근무하면서 인종에 따라 행해지는 비인격적인 차별 대우를 체험하게 되었고 인종 차별 문
제에 대한 인식을 가지게 되었다. 1957년 튀니스로 거처를 옮겨 알제리 독립을 위해 보다 급진적인 활
동을 전개하였다. 『알제리 혁명 기원 5년』, 『지상의 저주받은 사람들』, 『아프리카의 혁명을 위하여』 등
의 저서가 있다.

041

인간을 포함하여 모든 동물은
고통을 느낀다는 점에서 평등하다

『동물 해방』 피터 싱어

"모든 인간은 평등하다."라는 원칙을 부정하는 사람은 없을 것입니다. 사람마다 피부색도 다르고 가지고 있는 능력에도 차이가 있지만 그 누구도 인종이나 능력을 이유로 사람을 차별할 수 있다고 말하지 않습니다. 사람은 누구나 천부적으로 인간으로서의 권리 즉 인권을 가지고 태어나며 그 권리는 어떠한 이유로도 침해될 수 없습니다.

그렇다면 동물은 어떠한 근거로 사람보다 못한 존재로 취급당하는 것일까요? 인간은 이성을 가지고 있으며 모든 면에서 동물보다 뛰어난 능력을 가지고 있다는 점을 내세워 인간의 우월성을 주장하는 사람들이 있습니다. 그러한 논리대로라면 인간도 능력에 따라 차별하는 것이 정당하게 됩니다. 능력을 기준으로 본다면 영장류 동물 중에는 어린아이나 식물인간 상태에 있는 환자보다 능력 면에서 뛰어난 경우가 많습니다. 그렇다면 어린아이와 환자를 영장류 동물보다 그 가치를 낮게 평가해도 될까요?

동물 해방을 주장하는 사람들은 동물이 비록 지적 능력은 부족하지만 인간과 동등한 권리를 가져야 한다고 생각합니다. 동물은 고통을 느낀다는 점에서 인간과 다를 바 없습니다. 칼이나 총에 맞았을 때 느끼는 고통은 사람이나 동물이나 다르지 않습니다. 음식을 먹지 못하는 고통, 밀폐된 공간에 갇혔을 때 느끼는 고통 또한 사람과 동물이 다르지 않습니다.

　인간을 능력에 따라 차별하는 것이 부당한 일이라면 능력이 부족하다는 이유로 동물의 권리를 부정하는 것도 정당하지 못합니다. 인간과 동물은 고통을 느낀다는 점에서 평등하기 때문입니다.

> 인간을 포함하여 모든 동물은 고통을 느낀다는 점에서 평등하다.

피터 싱어 (1946~) | 오스트레일리아 출신 철학자. 실천 윤리를 주장하며 생명의 존엄성과 동물 해방을 주창하였다. 또한 세계시민주의에 입각한 해외 원조 활동을 강조하기도 했다. 『실천 윤리학』, 『죽음의 밥상』, 『이렇게 살아도 괜찮은가』 등의 저서가 있으며 철학자로서는 드물게 동물 해방 운동가인 '헨리 스피라'의 삶을 다룬 평전을 쓰기도 했다.

042

식인 풍습은 해부학 실습보다
야만적이지 않다

『슬픈 열대』 레비스트로스

아프리카나 아마존의 깊은 밀림 속에 살면서 사람을 잡아 장작불에 바비큐를 해서 먹는다는 식인종 이야기를 들어 본 적이 있나요? 그런데 그것은 누군가 과장해서 지어낸 거짓말입니다. 사람의 죽은 육신을 먹는 부족이 있는 것은 사실입니다. 하지만 우리가 쇠고기나 돼지고기를 즐겨 먹듯이 일종의 음식으로 사람고기를 먹는 부족은 없습니다. 아마존 지역 일부에서 발견된 식인 문화는 음식 문화가 아니라 장례 문화였다고 합니다. 우리는 매장, 화장 등의 장례 문화에 익숙합니다. 하지만 문화권에 따라서는 죽은 사람의 시신을 독수리의 먹잇감으로 내놓거나 노지에 방치하는 경우도 있습니다. 장례 방식은 달라도 죽은 이의 넋을 달래고 살아 있는 사람들과 이별하는 의식이라는 점에서는 동일합니다.

아마존 부족도 다르지 않습니다. 그들이 죽은 이의 육신을 나누어 먹는 것은 망자가 살아생전에 지녔던 용기와 지혜를 받아들이고 계승하는 의미라고 합니다. 식인 풍습은 주로 우기가 길고 습도가 높은 지역에서 나타나는데 학자들의 연구에 의하면 이러한 지역에서는 시신이 부패하여 세균 등에 의한 전염병이 나타나기 쉽다 보니 이러한 전통이 생겼다고 합니다.

철학자인 레비스트로스는 브라질 오지의 원주민 마을을 방문하였던 경험을

『슬픈 열대』라는 책으로 남겼습니다. 그는 이 책에서 모든 사회의 관습과 문화는 그들만의 필연적이고 합리적인 이유에 의해 형성되었다고 말합니다. 그는 문화에는 우열이 없으며 특정한 문화를 기준으로 다른 문화를 평가하는 것은 또 다른 야만이며 편견이라는 점을 강조합니다.

식	인		풍	습	은		해	부	학		실	습
보	다		야	만	적	이	지		않	다	.	

레비스트로스 (1908~2009) | 프랑스의 철학자 겸 인류학자. 20세기 인문학에 결정적인 영향을 끼친 세계적 석학으로, 철학을 비판하며 철학에 대항하는 인간 과학으로서의 인류학을 탐구했다. 『슬픈 열대』는 브라질의 카두베오, 보로로, 남비콰라, 투비 카와이브 족의 원시 사회와 문화를 분석한 책으로 서구 문명의 시각에서 바라본 야만 개념을 비판한다.

인종과 민족의 차이는
환경의 차이일 뿐이다

『총·균·쇠』 제레드 다이아몬드

　유럽인들은 남아메리카나 아프리카 민족들을 정복하고 지배했는데, 왜 남아
메리카나 아프리카인들은 유럽을 정복하고 지배하지 못했을까? 왜 우리 민족은
외세로부터 침략과 억압을 받는 역사를 살아왔을까? 유럽 백인들은 선천적으로
다른 인종들보다 우월한 유전자를 가지고 태어난 것일까? 제레드 다이아몬드의
『총·균·쇠』는 이러한 질문에 답하는 책입니다.

　그가 내린 결론은 인종과 민족의 차이는 선천적으로 타고난 능력의 차이가 아
니라 각자가 살아온 환경의 차이라는 것입니다. 이야기는 1만 3000년 전 석기
시대로 거슬러 올라갑니다. 당시 모든 인류는 수렵과 채집으로 살아야 했습니
다. 그런데 각 대륙에 살고 있던 인류는 서서히 서로 다른 방향으로 발전하기 시
작합니다. 하지만 그것은 능력의 차이가 아니라 각기 자신들이 정착한 지역 환
경에 가장 적합한 방식으로 적응하는 과정에서 만들어진 차이라는 것입니다.

　또 한 가지 흥미로운 점은 저자인 제레드 다이아몬드가 한국 문화 특히 한글
에 대해 깊이 연구한 학자라는 점입니다. 그는 『총·균·쇠』에서 한글을 인류 최
고의 걸작품이라며 다음과 같이 예찬합니다.

　"세종과 집현전 학자들은 문자의 운용 원칙과 형태 등 모든 세부 사항을 스스

로 고안해 냈다. 그리하여 그들은 세계의 어떠한 문자 체계에서도 유례가 없는 놀랍고도 새로운 원칙을 만들어 냈다."

민족과 인종의 차이를 환경의 차이로만 설명한다는 비판이 없는 것은 아니지만 이 책을 통해 서구 우월주의를 극복하고 객관적인 시각으로 세계의 다양한 문화를 이해하는 눈을 키울 수 있을 것입니다.

인	종	과		민	족	의		차	이	는		환
경	의		차	이	일		뿐	이	다	.		

제레드 다이아몬드 (1937~) | 미국 출신의 문명 연구가. 과학의 대중화에 기여한 공로로 영국의 과학 출판상과 미국의 LA타임스 출판상을 수상했다. 현재 캘리포니아대학 교수이며 1998년에 퓰리처상을 수상했다. 『제3의 침팬지』, 『문명의 붕괴』 등의 저서가 있다.

044

나의 작업실은 공장이다, 나는 작품을 대량 생산하는 작업자이다

『앤디 워홀의 철학』 앤디 워홀

1962년 미국의 유명 미술 전시관에 독특한 작품이 전시되었습니다. 실크스크린으로 작업한 『2백 개의 수프 캔』이라는 제목의 그림이었습니다. 제목에서 알 수 있듯이 이 작품은 캠벨이라는 회사에서 생산하는 수프 통조림 캔 2백 개를 놓고 사진을 찍은 후 실크스크린 방식으로 그림을 완성한 것이었습니다.

"이게 통조림 광고야? 미술 작품이야?"

이 작품이 전시되었을 때 관람객들은 의아한 표정을 감추지 못했습니다. 작가가 직접 그린 그림도 아니고 그렇다고 아름다운 장면이 담긴 것도 아니고 누가 보아도 슈퍼마켓에 진열된 통조림일 뿐이었습니다. 그런데 이게 미술 작품이라니. 미술관으로 항의가 빗발쳤습니다. "도대체 이런 걸 작품이라고 출품한 사람이 누구냐?", "미술관 측에서는 광고와 작품도 구별할 줄 모르느냐?" 논란이 계속되면서 이 작품은 오히려 유명세를 타기 시작했습니다. 작품을 출품한 작가가 바로 팝 아트의 황제로 불리는 앤디 워홀입니다. 그는 기존의 고귀하고 숭고한 아름다움을 추구하던 미술계의 관행을 뒤바꿔 놓았습니다. 평범한 일상 속에서 쉽게 만날 수 있는 소재가 예술이 될 수 있다는 것을 표현한 것입니다. 이후 그는 코카콜라 연작, 마릴린 먼로 연작 등 수많은 작품을 내놓았는데 모두 복제되어 반복되는 형태를 작품으로 표현하고 있습니다.

그는 자신의 작품을 통해 이렇게 말합니다.

"예술이란 특별한 사람들의 전유물이 아니라 대량 생산과 소비가 반복되는 하나의 상품이다. 그러므로 나의 작업실은 우아한 아뜰리에가 아니라 공장일 뿐이다."

나	의		작	업	실	은		공	장	이	다	,
나	는		작	품	을		대	량		생	산	하	는
작	업	자	이	다	.							

앤디 워홀 (1928~1987) | 팝 아트의 선구자. '팝의 교황', '팝의 디바'로 불릴 정도로 획기적인 작품을 다수 발표하였다. 대중 미술과 순수 미술의 경계를 무너뜨리고 미술뿐만 아니라 영화, 광고, 디자인 등 시각 예술 전반에서 혁명적인 변화를 주도하였다.

045

시는 역사보다 더 철학적이고
더 중요한 가치를 지닌다

『**시학**』 아리스토텔레스

국어 시간에 카타르시스라는 말을 들어 본 적이 있을 것입니다. 이 용어는 아리스토텔레스가 『시학』에서 처음 사용한 말입니다. 이 책에서 말하는 '시'는 지금의 서정시가 아니라 영웅들의 이야기를 다룬 서사시 즉 비극을 의미합니다. 비극은 관객들에게 공포와 연민을 불러일으키고 절정에 이르러 감정을 정화시키는 역할을 하는데 아리스토텔레스는 이를 '카타르시스'라고 불렀습니다.

국어 시간에 소설의 단계를 '발단 - 전개 - 위기 - 절정 - 결말'이라고 배운 적이 있을 것입니다. 아리스토텔레스가 살던 때에는 아직 소설이라는 장르가 등장하기 전이었으므로 이야기 형태를 띤 예술로는 비극이 유일한 것이었습니다. 우리에게 잘 알려진 오이디푸스 왕 이야기 등이 당시에 비극으로 상연된 작품입니다. 비극에 등장하는 주인공은 우연한 사건으로 위기에 처하게 되고 심한 갈등이 나타나면서 비극은 절정에 이르게 됩니다. 관객들은 주인공의 운명을 바라보면서 함께 긴장된 마음으로 공포와 연민을 느끼다가 결말에 이르러 긴장이 해소되는 순간 카타르시스를 느끼며 감동을 얻게 된다는 것입니다.

비극 안에는 영웅의 고뇌와 성찰이 들어 있으므로 관객들은 비극을 감상함으로써 영웅이 처한 상황에 공감하고 영웅이 살아온 삶의 진실을 깨닫게 됩니다.

예를 들어 이순신 장군의 삶과 사상을 이해하기 위해서 역사책을 읽고 외우는 것보다 이순신 장군의 삶을 다룬 드라마나 영화를 감상하는 것이 더 효과적일 수 있습니다. 그러한 의미에서 시(비극)는 역사 기록보다 더 역사적이며 철학적입니다. 문학 작품이 지닌 가치가 바로 여기에 있는 것입니다.

시는 역사보다 더 철학적이고 더 중요한 가치를 지닌다.

아리스토텔레스 (BC384~BC 322) | 그리스의 철학자. 플라톤과 함께 그리스 최고의 사상가로 꼽히는 인물이다. 서양 철학과 문명에 매우 큰 영향을 끼쳤으며 알렉산더 대왕의 스승이기도 했다. 그는 진리가 현실이 아닌 이데아라는 이상 세계에 있다고 주장한 플라톤과 달리 현실주의적인 철학을 추구했다. 인문·사회·자연의 모든 분야에 걸친 학문 체계를 세워 '만학의 아버지'라고 불리기도 한다. 『수사학』, 『니코마코스 윤리학』, 『형이상학』 등 수많은 저서를 남겼다.

046

세상에는 '나와 너'의 관계 그리고 '나와 그것'의 관계가 존재한다, 참다운 삶은 '나와 너'의 관계에서 나온다

『나와 너』 마르틴 부버

새 학년이 되면 새로운 친구가 생기게 되지요? 부모님께 새 친구가 생겼다고 하면 뭐라고 하시나요? "그 친구는 공부 잘하니?"라는 질문을 가장 많이 받게 됩니다. 때론 "너보다 잘난 친구를 만나라"라는 말을 들을 때도 있습니다.

우리는 다른 사람과 관계를 맺을 때 그 사람이 나에게 도움이 되는지 여부를 중요하게 생각합니다. 이러한 생각의 바탕에는 타인을 하나의 인격체로 생각하기보다 나를 위한 수단과 도구로 바라보는 시선이 깔려 있습니다. 선생님은 나에게 지식을 전달해 주는 학습 수단이며, 학교 앞 분식집에서 김밥을 파는 할머니는 돈을 지불한 만큼 간식을 먹을 수 있게 해 주는 도구입니다. 나에게 도움이 되면 좋은 친구이고 손해를 끼치면 빨리 관계를 끊어야 하는 나쁜 친구로 평가하게 됩니다.

마르틴 부버는 이러한 관계를 '나와 그것'의 관계라고 정의했습니다. '나와 그것'의 관계에서는 인격 대 인격의 관계가 성립할 수 없습니다. '그것'은 나를 위한 수단과 도구에 불과하기 때문입니다. 참다운 관계는 상호 동등한 '나와 너'로서 상대를 바라볼 때 가능합니다. 나에게 돌아올 이익을 떠나 상대를 나와 동등한 인격체로 생각해야 한다는 것이지요. 내가 상대방을 '그것'으로 여긴다면 상대방

역시 나를 '그것'으로 바라볼 것입니다. 모두가 누군가의 '그것'이 된다면 삭막한 사회가 될 것입니다. 우리가 관계를 맺어야 할 대상이 누구이든 나와 동등한 인격으로 바라보고 존중할 때 '나와 너'라는 인격적인 관계로 충만한 사회가 될 것입니다.

세	상	에	는	'나	와	너	'의		관
계		그	리	고	'나	와		그	것	'의
관	계	가		존	재	한	다	,	참	다	운		삶
은	'나	와		너	'의		관	계	에	서
나	온	다	.						

마르틴 부버 (1878~1965) | 독일에서 태어나 활동한 유대인 사상가. 인간 존재의 본질을 상호 관계에서 찾는 연구를 계속하였다. 독일 프랑크푸르트에서 교수로 지내다가 히틀러 정권에 쫓겨 망명하였다. 여러 나라를 떠돌다가 이스라엘 예루살렘에서 철학 교수를 지냈다. 저서로는 『유토피아에의 길』, 『사회와 국가』, 『인간의 문제』 등이 있다.

047

남성 중심의 문명은
자연, 여성, 제삼 세계를 식민화한다

『에코페미니즘』 반다나 시바

동서양을 막론하고 인류 문명의 역사는 남성들이 주도해 왔습니다. 남성 중심의 문명이 가진 특징은 정복과 지배, 전쟁과 경쟁, 개발과 건설이라는 말들로 표현할 수 있습니다. 이는 역사에 기록된 위인들의 업적을 통해서 잘 나타납니다. 알렉산더, 나폴레옹, 광개토대왕 등 다른 민족을 정복하고 영토를 넓힌 왕들은 영웅으로 기록되었습니다. 또한 전쟁에서 큰 승리를 거둔 장군, 자연을 개발하여 물질적으로 풍요롭게 한 지도자들은 역사의 화려한 조명을 받습니다.

그런데 남성 중심 문명을 비판하고 나선 사람들이 있습니다. 바로 에코페미니즘 즉 여성 생태론자들입니다. 남성 중심 문명은 겉으로 보이는 물질적 성장을 이루는 데는 혁혁한 공로를 세웠지만 그 과정에서 자연이 파괴되고 여성, 어린이, 약소민족 등 사회적 약자와 소수자들이 희생되었다는 것입니다. 예를 들어 인류 문명의 대표적인 상징인 피라미드를 건설하기 위해 바위와 나무 등 자연이 훼손되었으며 건설에 동원된 수많은 노예들과 가족들의 삶은 파괴되었습니다.

에코페미니즘은 남성 중심적 문명이 지닌 근본적 문제를 제기하고 새로운 대안을 요구합니다. 그것은 정복과 파괴가 아닌 공존과 상호 배려를 추구하는 문명을 지향합니다.

남성 중심의 문명은 자연, 여성, 제삼 세계를 식민화한다.

반다나 시바 (1952~) | 인도의 철학자이자 생태 운동가. 원래 핵물리학자였으나 조국인 인도와 제삼 세계 민중들의 삶을 보면서 환경 운동과 민중 운동의 길로 전환하였다. 인도 여성들이 나무에 몸을 묶고 벌목을 반대했던 '칩코 운동'을 통해 국제적인 여성 환경 운동가로 이름을 떨쳤다. 지금도 생태 운동을 계속하고 있으며, 『물 전쟁』, 『누가 세계를 약탈하는가』, 『에코페미니즘』 등의 저서를 집필하였다.

3부

꿈을 찾아가는
길에서 만난 문장

048

사람이 사람인 것은
자제할 수 있기 때문이다

『나의 진리 실험 이야기』 마하트마 간디

20세기 이후 지금까지 전 세계를 통틀어 가장 존경받는 인물을 꼽는다면 위대한 영혼의 지도자 간디를 빼놓을 수 없을 것입니다. 간디는 영국의 식민지였던 가난한 나라 인도에서 태어나 평생을 검소하게 살다 간 사람입니다. 영국, 미국, 프랑스 등 서구 강대국들이 세계를 지배하고 있었던 당시, 인도는 힘없는 후진국에 불과했습니다. 그런데도 간디는 인도인들뿐 아니라 인종과 민족을 넘어 세계인이 존경하는 성인으로 추앙받고 있습니다.

자신의 조국 인도의 독립을 위해 평생을 바쳤지만 그는 단 한 번도 폭력을 쓰지 않았습니다. 부당한 차별과 억압에 맞서기 위한 방법은 오로지 비폭력, 불복종 저항뿐이었습니다. 영국 경찰이 때리면 맞고, 감옥에 가두면 단식 투쟁으로 맞섰습니다. 많은 사람들이 간디의 투쟁 방식을 비판하면서 무장 투쟁의 필요성을 강조했지만 비폭력 원칙을 바꾸지 않았습니다. 결국 그는 비폭력 운동을 통해 인도의 독립을 이끌어 냈습니다.

간디도 욕망과 분노를 가진 평범한 사람이었습니다. 하지만 마음속에서 들끓는 욕망과 분노를 내려놓기 위해 끊임없이 자신을 채찍질하였습니다. 그가 만일 욕망과 분노를 자제하지 못했다면 세계인의 존경을 받는 인물이 되지는 못했을 것입니다. 『나의 진리 실험 이야기』에는 욕망과 분노를 자제하고 인간에 대한 사랑과 포용을 실천해 나가는 간디의 삶이 고스란히 담겨 있습니다. 그가 추구했던 가치를 조금이나마 공감할 수 있다면 우리의 눈앞에 새로운 세상이 펼쳐질 것입니다.

사	람	이		사	람	인		것	은		자	제
할		수		있	기		때	문	이	다	.	

마하트마 간디 (1869~1948) ㅣ 인도의 민족 운동 지도자이자 인도 건국의 아버지. 영국 식민지 시절 남아프리카로 건너가 변호사로 활동하면서 인종 차별에 대한 투쟁으로 유명해졌다. 인도로 귀국한 후 더욱 적극적인 비폭력 저항을 전개하여 인도가 독립하는 데 큰 역할을 하였다. 그러나 자신의 조국이 종교적 갈등으로 인도와 파키스탄으로 나뉘는 것을 막지 못하고 암살당했다.

049

모든 것의 시작은 위험하다,
그러나 무엇도 시작하지 않는다면
아무것도 시작되지 않는다

『인간적인 너무나 인간적인』 니체

처음 자전거 타는 법을 배울 때를 생각해 보세요. 핸들을 잡은 손이 부들부들 떨리고 누군가 뒤에서 잡아 주지 않으면 땅바닥으로 곤두박질쳐 버릴 것만 같은 두려운 생각이 들었을 것입니다. 실제로 넘어져 무릎을 다치기도 합니다. 그 순간 두 마음이 격렬하게 싸우는 소리가 들렸을 것입니다. '지금이라도 포기해 버릴까? 아니야 지금 포기하면 영영 자전거를 못 타게 될 거야.' 여러분은 어땠나요? 용기를 내어 두려움을 이겨 냈다면 지금쯤 익숙하게 자전거를 즐기고 있을 것입니다. 하지만 두려움 때문에 포기했다면 부러운 표정으로 자전거 도로를 멋지게 달리는 친구들의 뒷모습을 보고만 있겠지요.

새로운 일을 시작한다는 것은 두렵고 어려운 일입니다. 하지만 용기를 내어 시작하고 나면 그동안 몰랐던 새로운 세상을 만나게 됩니다. 철학자 니체는 인간은 누구나 무한한 잠재력과 의지를 가지고 있다고 보았습니다. 하지만 스스로 그 능력을 믿고 앞으로 나아가지 못한다면 노예와 같은 상태를 벗어날 수 없다고 했습니다.

당장이라도 곤두박질칠 것만 같았던 자전거가 용기를 내어 페달을 밟으면 신기하게도 앞으로 나아갑니다. 무언가 간절히 하고 싶은 것이 있다면 스스로 자신을 믿고 시작해 보세요. 자신도 몰랐던 힘이 생겨나게 됩니다. 용기를 내어 원하는 것을 시작해 보면 새로운 세계가 열리는 경험을 하게 될 것입니다.

모든 것의 시작은 위험하다. 그러나 무엇도 시작하지 않는다면 아무것도 시작되지 않는다.

니체 (1844~1900) | 독일의 철학자로 기존의 철학자를 맹렬히 비판하여 '망치를 든 철학자'라는 별명으로 불렸다. 강자의 도덕을 가지고 '초인(超人)'에 의해서 현실의 생을 긍정하고 살아야 함을 주장하였다. 저서로 『짜라투스트라는 이렇게 말했다』, 『권력에의 의지』 등이 있다.

050

나는 누구에게 강요받기 위하여 이 세상에 태어난 것이 아니다, 나는 내 방식대로 숨을 쉬고 내 방식대로 살아갈 것이다

『시민의 불복종』 헨리 데이비드 소로우

현대 국가는 법에 의해 누구나 자유로울 권리를 보장하고 있습니다.

그런데 우리는 정말 자유로운 것일까요? 사실 우리에게 주어진 자유는 매우 제한된 자유에 불과합니다. 수많은 법과 제도가 여전히 우리의 자유를 제한하고 있으며 법으로 보장된 자유조차 돈이 없으면 실질적으로 누릴 수 없는 것이 현실입니다.

최근 청소년들에게 장래 희망을 물어보면 교사, 공무원 등 안정된 직업을 우선 순위로 꼽는다고 합니다. 물론 그러한 직업에 종사하면서 보람을 얻을 수도 있습니다. 하지만 교사가 되겠다는 이유가 교육자로서 헌신하기 위한 것이 아니고, 공무원이 되겠다는 이유가 공익에 봉사하기 위한 것이 아니라 오로지 개인의 안정된 수입과 생활을 위해서라면 우리의 미래를 기대하기는 어렵습니다. 더 나은 교육의 꿈을 가진 사람이 교사가 되고, 공익을 위해 봉사할 마음을 가진 사람이 공무원이 되어야만 개인은 물론 사회 전체가 희망을 가질 수 있습니다.

일찍이 미국의 문학가 헨리 데이비드 소로우는 국가가 시민의 자유를 억압하는 존재라는 것을 간파하고 시민의 불복종 운동을 펼친 바 있습니다. 나이가 들어서는 국가의 권력이 미치지 않는 숲 속으로 들어가 자연 속에서 자유로운 삶

을 실천하기도 했습니다. 그의 저서 『시민의 불복종』은 오늘날을 살아가는 우리
들에게 진정한 자유란 무엇인가에 대해 진지한 성찰을 하게 합니다.

나는 누구에게 강오받기 위하여 이 세상에 태어난 것이 아니다, 나는 내 방식 대로 숨을 쉬고 내 방식대로 살아갈 것이다.

헨리 데이비드 소로우 (1817~1862) | 미국의 문학가, 멕시코 전쟁에 반대하여 인두세 납부를 거절한
죄로 투옥당하는 등 고초를 겪었다. 훗날 월든 호숫가의 자연 속으로 들어가 스스로 자유로운 삶을 실
천하면서 『시민의 불복종』, 『월든』 등의 저서를 남겼으며 간디의 비폭력 저항 운동에 커다란 영향을 주
었다.

051

지금까지 모든 사회의 역사는
계급 투쟁의 역사이다

『공산당선언』 마르크스 & 엥겔스

역사책을 펼쳐 보면 수많은 전쟁과 내전, 당쟁이나 계층 간의 대립과 갈등이 기록되어 있습니다. 싸움의 기록이라고 해도 과언이 아닐 정도입니다.

한편 역사는 진보와 발전의 과정이기도 합니다. 물질적 발전은 물론 정치, 경제, 문화 등 인류의 생활과 밀접한 관련을 가진 사회적 측면에서도 발전이 이어져 왔습니다. 그런데 시대와 국가는 달라도 역사 발전의 방향에는 공통점이 있습니다. 소수 특정 계급만이 누리던 권력이 점차 여러 사람들에게 나누어지는 과정이었다는 것입니다. 과거에는 왕과 귀족들이 권력을 독점하였지만 오늘날에는 형식적으로나마 국민 누구나 정치적인 권리를 가질 수 있게 되었습니다. 하지만 우리 사회는 여전히 눈에 보이지 않는 계급이 존재합니다. 헌법에는 누구나 평등한 권리를 갖는다고 되어 있지만 실제 우리의 삶은 돈, 국적, 학벌, 출신 등에 따라 달라지는 것이 현실입니다. 말하자면 아직 계급이 존재하는 것입니다.

마르크스와 엥겔스는 계급이 없는 사회를 꿈꾸었습니다. 인류의 탄생 이래 권력을 가진 계급과 그 권력에 저항하는 계급이 서로 싸우고 경쟁하는 과정을 통해 역사가 발전하였으며 지금도 그러한 과정이 진행 중이라고 보았습니다. 역사를 보면 늘 새로운 계급이 낡은 계급을 무너뜨리고 새로운 시대를 열었다는 사실을 발견하게 됩니다. 즉, 역사란 억압받는 계급이 권력을 가진 계급과 대립하면서 새로운 시대를 열어 가는 과정이라고 할 수 있겠지요.

『공산당선언』은 우리 사회에서 금기시되거나 반대로 낡은 주장으로 여겨지기도 합니다. 그러나 역사의 진보를 믿는다면 반드시 읽어 보아야 할 중요한 고전임에는 틀림없습니다.

지	금	까	지		모	든		사	회	의		역
사	는		계	급		투	쟁	의		역	사	이	다.

마르크스 (1818~1883), 엥겔스 (1820~1895) | 마르크스와 엥겔스는 사회주의와 공산주의 이론의 바탕인 사적 유물론과 변증법적 유물론을 체계화시킨 인물이다. 두 사람 모두 독일에서 활동하면서 노동자들의 비참한 삶에 관심을 두었고 사상적으로 공통된 문제의식을 가지고 철학과 경제학을 연구하였다.

052

억압과 공포에 굴복하지 않겠다고
마음먹으니 두려움이 사라졌다

『자유를 향한 긴 여정』 넬슨 만델라

만일 탈출이 불가능한 지옥 같은 감옥에서 평생을 지내야 한다면 어떨까요? 영화에나 나올 법한 일이라고요? 하지만 영화에서나 나올 법한 일이 현실에서 있었습니다.

1990년 2월 12일 지옥 같은 감옥으로 유명한 남아프리카의 로벤 섬 감옥 정문으로 전 세계 언론의 카메라가 모여들었습니다. 자그마치 27년 동안 그곳에 갇혀 있던 한 죄수의 석방 장면을 지켜보기 위해서였습니다. 교도소 문이 열리자 흑인 노인 한 사람이 천천히 걸어 나왔습니다. 카메라 플래시가 터지고 기자들이 몰려들었습니다. 그 노인은 바로 남아프리카공화국 최초의 흑인 대통령, 넬슨 만델라입니다. 46세의 젊은 나이에 감옥에 들어가 73세의 노인이 되어서야 세상 밖으로 나온 그에게 기자들이 질문 공세를 퍼부었습니다. 죽음의 공포를 어떻게 극복했느냐는 질문에 그는 미소를 지으며 대답했습니다.

"억압과 공포에 굴복하지 않겠다고 마음먹으니 두려움이 사라지더군요."

남아프리카는 인구의 대다수가 흑인이지만 소수의 백인이 정치, 경제적인 실권을 쥐고 있으면서 지독한 인종 차별이 가장 오랫동안 지속되었던 나라입니다. 흑인이라는 이유로 온갖 차별과 탄압을 받아야 했던 만델라는 인종 차별에 맞서 싸우다 종신형을 선고받고 27년이라는 긴 세월을 감옥에서 보내야 했습니다. 늘 죽음의 위협이 따라다녔지만 만델라는 굴복하지 않았습니다. 훗날 대통령이 된 그는 자신을 괴롭혔던 백인 권력자들을 용서하는 포용력을 보여 주기도 했습니다. 만델라의 삶을 기록한 『자유를 향한 긴 여정』은 진정한 용기가 무엇인지를 잘 보여 줍니다. 아무리 강한 힘이라도 진정한 용기를 가진 사람의 신념을 꺾을 수는 없다는 진리를 만델라의 삶을 통해 깨닫게 될 것입니다.

억	압	과		공	포	에		굴	복	하	지
않	겠	다	고		마	음	먹	으	니		두	려	움
이		사	라	졌	다	.					

넬슨 만델라 (1918~2013) | 남아프리카공화국 최초의 흑인 대통령이자 흑인 인권 운동가. 종신형을 선고받고 27년여간을 복역하면서 세계 인권 운동의 상징적인 존재가 되었다. 1993년 노벨 평화상을 받았으며 대통령이 된 후 '진실과 화해 위원회'를 만들어 진실을 밝히고 인종 탄압을 자행했던 사람들을 처벌 대신 용서하는 화합의 정치를 실현하였다.

053

행복해지려면 게을러져라

『게으름에 대한 찬양』 버트런드 러셀

개미와 베짱이 우화를 모르는 사람은 없겠죠? 여름철 땀 흘려 일한 개미는 추운 겨울을 따뜻하게 보낼 수 있었지만 노래를 부르고 빈둥거리며 놀기만 했던 베짱이는 겨울이 오자 배고픔과 추위에 떨면서 죽어 갑니다. 이 우화는 미래의 행복한 삶을 살기 위해서는 현재의 고단한 삶을 참아 내야 한다는 교훈이 담긴 이야기입니다. 베짱이처럼 게으르게 살지 말고 개미처럼 쉬지 않고 열심히 일하는 삶을 살아야 한다는 것입니다.

그런데 개미와 베짱이 중 누가 더 행복한 삶을 살았을까요?

영국의 철학자 러셀은 게으름을 즐기며 삶의 여유를 찾을 때 행복해질 수 있다고 충고했습니다. 말하자면 개미처럼 살지 말고 베짱이처럼 살아야 행복할 수 있다는 것입니다. 얼핏 생각하면 러셀의 말은 현실과 거리가 먼 뜬구름 잡는 견해로 넘겨 버릴 수도 있습니다. 베짱이처럼 게으름을 피우다가는 굶어 죽을 수도 있기 때문이죠. 하지만 러셀의 말 속에는 산업 사회에 대한 날카로운 비판이 담겨 있습니다. 한편에서는 과도한 노동에 시달리고 다른 한편에서는 일자리가 없어 고통받는 사람들이 동시에 존재하는 자본주의의 모순을 꿰뚫고 있기 때문입니다. 자본주의는 끊임없이 이윤을 창출해야 유지되는 사회 구조이므로 가장 적은 비용으로 가장 높은 성과를 내는 방식으로 조직됩니다. 사람들은 자본주의 원리에 따라 개미와 같은 삶을 강요받게 되는 것이죠. 러셀이 말하는 '게으름'은 단지 빈둥거리며 살자는 뜻이 아니라 기계의 부품처럼 살아가도록 강요하는 자본주의적 삶의 모순을 극복해야 한다는 의미로 이해해야 할 것입니다.

행	복	해	지	려	면		게	을	러	져	라	.

버트런드 러셀 (1872~1970) | 영국의 철학자이자 사회 평론가. 그는 학자로서 지식의 탐구와 더불어 현실에서의 인간들의 삶에 깊은 관심을 가진 지식인이었다. 평화주의자로서 전쟁 반대 운동에 나섰으며 진정으로 행복한 삶을 실현하기 위해 현실의 모순을 밝히려는 노력을 계속하였다. 일반인들을 위한 저서로 『결혼과 성』, 『나는 왜 기독교인이 아닌가』, 『왜 사람들은 싸우는가』 등을 남기기도 했다.

편견은 도둑이고 악덕은 살인자다,
큰 위험은 우리들 내부에 있다

『레미제라블』 빅토르 위고

굶주리는 조카들을 위해 빵을 훔친 죄로 19년 동안 감옥살이를 했던 장발장. 그는 부당한 현실에 치를 떨며 세상을 증오했습니다. 권력과 부를 가진 자들은 호화로운 생활을 하면서 가난한 사람들에게는 빵 한 조각도 허락하지 않는 현실에서 그가 할 수 있는 것이라곤 오직 세상을 저주하는 일밖에는 없었습니다. 그런데 장발장을 감동시킨 한 사람이 있었죠. 장발장이 은촛대를 훔쳐 달아나다가 붙잡혀 왔을 때, 경찰 앞에서 장발장의 편을 들어준 미리엘 주교입니다. 세상 사람들이 장발장을 전과자라는 이유로 외면할 때, 미리엘 주교는 아무런 편견 없이 장발장을 한 사람의 따뜻한 인간으로 대했던 것입니다.

감옥은 원래 범죄자를 교화시키기 위한 곳입니다. 그런데 장발장은 19년이나 감옥에 있었지만 교화는커녕 세상에 대한 증오만을 키워야 했습니다. 우리가 살아가고 있는 세상도 크게 다르지 않습니다. 학교에서 한번 문제아로 낙인찍힌 학생은 아무리 착하게 행동해도 잘못된 편견에서 벗어날 수 없는 것이 현실입니다. 문제라는 편견은 오히려 그 학생을 더 큰 문제아로 만들 뿐입니다.

『레미제라블』에는 주인공 장발장을 끈질기게 추적하는 인물이 나옵니다. 바로 형사 자베르입니다. 자베르는 법에 따라 자신의 임무를 철저히 실천하는 충실한 경찰입니다. 하지만 장발장을 착한 사람으로 변화시킨 것은 자베르가 아니라 미리엘 주교의 따뜻한 마음이었습니다. 장발장의 삶을 지켜보던 형사 자베르가 결국 자살을 선택할 수밖에 없었던 이유도 바로 그 때문이 아니었을까요?

편	견	은		도	둑	이	고		악	덕	은
살	인	자	다	,		큰		위	험	은		우	리	들
내	부	에		있	다	.				

빅토르 위고 (1802~1885) | 프랑스의 낭만파 시인, 소설가 겸 극작가. 당시 프랑스가 처한 현실을 작품으로 표현하면서 비판적인 시각을 드러냈다. 특히 나폴레옹이 쿠데타로 제정을 수립하려고 하자 이를 반대하며 망명 길에 올랐다. 19년의 망명 기간 동안 그는 수많은 대작을 남긴다. 대표작으로 『노트르담 드 파리』, 『징벌시집』, 『여러 세기의 전설』이 있으며 『레미제라블』은 연극, 뮤지컬, 영화 등으로 각색되어 많은 사랑을 받고 있다.

055

지식인은 자기 일이 아닌
남의 일에 간섭하는 사람이다

『지식인을 위한 변명』 장 폴 사르트르

다음 중 지식인에 해당하는 사람을 모두 고르시오.

① 의사 ② 법조인 ③ 컴퓨터 해킹 전문가 ④ 최첨단 금고털이범

우리 사회에서 의사, 변호사, 교수와 같은 사람들은 흔히 지식인으로 대접받습니다. 그런데 만일 환자들을 속여 돈만 챙기려는 의사가 있다면 그를 지식인이라고 할 수 있을까요? 전문적인 법률 지식을 이용하여 법을 모르는 사람들에게 부당하게 법을 적용하는 법조인을 지식인이라고 할 수 있을까요?

프랑스의 철학자 사르트르는 '지식인=전문가'라는 등식을 비판합니다. 전문 지식을 갖추고 있다는 점에서 전문가와 지식인은 공통점을 가지고 있지만 전문가라고 해서 곧바로 지식인이 될 수는 없다고 합니다. 전문가로서 사회적인 문제에 대해 적극적으로 비판하고 대안을 제시하는 사람만이 지식인이 될 수 있다는 것입니다.

가령 핵물리학 박사가 주어진 자신의 연구에만 충실하다면 그 사람은 전문가입니다. 그런데 그가 핵 발전소의 위험성을 비판하고 사람들에게 알리는 노력을 한다면 비로소 그는 지식인이 된다고 보았습니다. 핵 발전소 건설 여부를 결정

하는 책임은 정치인이나 행정가의 몫입니다. 핵물리학자는 자신에게 주어진 일만 하면 됩니다. 하지만 진정한 지식인이라면 핵의 위험성을 제기해야 하며 그래야 전문가가 아닌 진정한 지식인으로 사회적 책임을 다하는 것이 됩니다.

위의 질문 보기에 있는 사람들은 모두 전문가입니다. 이들이 자신의 전문 영역을 넘어 사회 공동체를 위해 간섭과 비판을 할 때 진정한 지식인이 될 것입니다.

지	식	인	은		자	기		일	이		아	닌
남	의		일	에		간	섭	하	는		사	람	이
다	.											

장 폴 사르트르 (1905~1980) | 프랑스의 실존주의 철학자이자 문학가. 실천하는 철학자로 나치에 저항하여 레지스탕스 활동을 하였고, 베트남 전쟁 반대 운동에도 앞장섰다. 1964년 노벨 문학상에 선정되었으나 수상을 거부한 것으로도 유명하다. 저서로 『존재와 무』, 『구토』, 『문학이란 무엇인가』 등을 남겼다.

056

분노하라!
그 때 우리는 힘 있는 투사,
참여하는 투사가 된다

『분노하라』 스테판 에셀

소설 『우리들의 일그러진 영웅』에는 엄석대라는 인물이 등장합니다. 엄석대는 커다란 덩치와 힘으로 급우들 위에 군림합니다. 반 아이들은 두려워 저항하지 못하고 엄석대의 권력은 점점 더 강해집니다. 시간이 지나면서 아이들은 엄석대의 부당한 행동을 마치 당연한 것처럼 받아들이게 됩니다. 처음엔 엄석대에게 저항을 하려고 시도했던 주인공 한병태도 결국 엄석대의 권력에 순응하고 맙니다. 부당한 상황에 대해 아무도 분노를 표출하지 못하자 엄석대의 독재는 더욱 심각해지게 됩니다.

인간의 본성에는 두 가지 상반된 특성이 공존합니다. 하나는 자신의 안전과 이익을 추구하는 이기심이고 다른 하나는 부당함에 분노를 느끼는 정의감입니다. 이기심은 두려움으로 나타나고 정의감은 저항으로 표현됩니다. 한병태와 급우들의 경우 이기심으로 인한 두려움이 정의감을 누른 경우입니다. 하지만 이기심과 두려움으로는 잘못된 현실을 변화시킬 수 없습니다. 정의감으로 이기심을 극복하고 부당함에 대한 분노를 표출할 때 역사의 변화와 진보가 이루어집니다.

우리나라의 독립군에 비유될 수 있는 프랑스의 레지스탕스 출신인 스테판 에셀은 93세의 나이에 프랑스 인과 세계인에게 외쳤습니다.

"분노하라. 평화와 민주주의를 위협하는 세계 금융 자본의 횡포에 패배하지 마라. 무관심은 죄악이다."

분노할 줄 모르면 인간은 권력의 노예가 됩니다.

분	노	하	라	!		그		때		우	리	는
힘		있	는		투	사	,	참	여	하	는	투
사	가		된	다	.							

스테판 에셀 (1917~2013) | 프랑스의 레지스탕스이자 사회 운동가. 제2차 세계 대전 당시 독일 나치에 맞서 레지스탕스로 활동하다가 체포되어 처형될 위기에서 살아남았다. 이후 1948년 유엔 세계인권선언문 초안 작성에 참여하였고, 유엔 주재 프랑스 대사, 유엔 인권위원회 프랑스 대표 등을 역임했다.

057

역사란 아(我)와 비아(非我)와의 끝없는 투쟁이다

『조선상고사』 신채호

　우리 민족은 끊임없이 외세의 침략을 받으면서도 유구한 역사를 이어 왔습니다. 고조선을 침략한 한나라, 고구려를 침략한 수와 당, 고려 시대에는 몽골, 조선 시대에는 청과 왜. 국사 책에 기록된 굵직한 사건만 보더라도 열 손가락으로 다 꼽을 수도 없을 정도입니다.

　그렇게 보면 우리 민족의 역사는 외세의 침략과 그에 대항하여 피를 흘렸던 조상들의 투쟁의 기록이라고 해도 과언이 아닙니다. 지구상에는 수많은 민족들이 있었지만 우리 한민족처럼 5000년이라는 긴 역사를 이어 온 민족은 많지 않습니다. 거대한 제국을 건설했던 민족도 존재가 사라지거나 다른 민족에게 흡수되어 자신들의 역사를 잃어 버린 경우가 많습니다. 우리 민족을 침략했던 거란, 여진, 말갈 등 북방 민족들도 한때 거대한 영토를 호령했지만 지금은 그 존재조차 찾아보기 어렵게 된 것이 그 예입니다.

　독립운동가이자 역사학자였던 신채호 선생은 우리 민족의 정체성을 외세와의 끊임없는 투쟁의 과정에서 찾았습니다. 아(我)는 우리 민족을 말하는 것이고 비아(非我)는 외세를 의미합니다. 당시 우리 민족은 나라를 빼앗기고 일본의 식민 지배 아래 있었지만 신채호 선생은 그것을 우리 민족의 비아(非我)와의 투쟁 과정으로 보았습니다. 일본의 민족 말살 정책으로 많은 사람들이 우리 민족이 일본에 흡수되어 버릴 것이라고 생각했지만 신채호 선생은 달랐습니다. 5000년 동안 외세에 맞서 투쟁하면서 민족의 정체성을 지켜 온 것처럼 일본의 침략에 맞서 싸우는 과정을 통해 민족의 자존과 본질을 지킬 수 있다고 본 것입니다.

지금도 한반도를 둘러싸고 열강들의 각축이 계속되고 있습니다. 아(我)와 비아(非我)와의 끝없는 투쟁은 21세기인 현재에도 계속되고 있는 것입니다.

역	사	란		아	(	我	)	와		비	아	(
非	我	)	와	의		끝	없	는		투	쟁	이	다 .

신채호 (1880~1936) | 일제 강점기의 독립운동가 · 사학자 · 언론인. 1905년 성균관 박사가 되었으나, 같은 해 을사늑약이 체결되자 관직을 포기하고 황성신문, 대한매일신보에 독립 정신을 촉구하는 글을 쓰면서 언론인으로 활동했다. 임시 정부에 참여하였으나 위임 통치를 주장했던 이승만에 반대하여 임시 정부를 나와 독자적이고 비타협적인 독립운동을 전개하였다. 역사학자로서 『조선상고사』, 『조선사연구초』, 『을지문덕전』, 『이순신전』 등 민족 의식을 고취하는 책을 썼다.

058

덕을 추구하는 것은
인간의 가장 영원한 활동이다

『니코마코스 윤리학』 아리스토텔레스

모든 사람들은 행복해지기를 원합니다. 그러나 행복해지기 위해서 무엇을 원하는가는 사람마다 다를 수밖에 없습니다. 어린 시절부터 지금까지의 과정을 생각해 보세요. 아기 때는 엄마가 곁에 있다는 사실만으로도 충분히 행복할 수 있었습니다. 하지만 초등학교에 입학한 다음부터는 원하는 것이 좀 더 많아집니다. 행복해지기 위해서는 게임기와 스마트폰도 필요하고 친구들도 필요합니다. 좀 더 나이가 들면 남들보다 앞서고 싶은 욕망이 생기고 성인이 되면 돈과 권력이 행복의 조건이 됩니다. 그런데 돈과 권력을 차지한 사람도 죽음을 앞에 두고서는 삶을 후회하면서 스스로 행복한 삶을 살지 못했음을 아쉬워하는 경우가 많습니다.

그렇다면 진정한 행복이란 무엇을 통해 이룰 수 있는 것일까요? 고대 그리스의 철학자 아리스토텔레스는 행복이란 인간의 고유한 기능이 발휘되는 덕의 활동이라고 말합니다. 그는 인간은 사회적 동물이며 행복 역시 사회적 관계를 통해 이룰 수 있다고 보았습니다. 돈, 권력, 물질 등은 그 자체가 행복의 본질적 조건이 아닙니다. 진정한 행복은 용기나 절제와 같은 윤리적 품성이 사회적 관계에서 덕을 통해 정의, 우애를 실현하는 데 있다는 것입니다.

『니코마코스 윤리학』은 아리스토텔레스가 쓴 세계 최초의 윤리학 책이라고 할 수 있습니다. 그의 이론을 음미하다 보면 마치 아리스토텔레스가 부활하여 오늘날을 살아가는 우리들에게 진정한 행복의 길을 제시하고 있다는 착각이 들게 합니다.

덕을	추구하는	것은	인간
의	가장	영원한	활동이다.

아리스토텔레스 (BC 384~BC 322) | 그리스의 철학자. 플라톤과 함께 그리스 최고의 사상가로 꼽히는 인물이다. 서양 철학과 문명에 매우 큰 영향을 끼쳤으며 알렉산더 대왕의 스승이기도 했다. 그는 진리가 현실이 아닌 이데아라는 이상 세계에 있다고 주장한 플라톤과 달리 현실주의적인 철학을 추구했다. 인문·사회·자연의 모든 분야에 걸친 학문 체계를 세워 '만학의 아버지'라고 불리기도 한다. 『수사학』, 『니코마코스 윤리학』, 『형이상학』 등 수많은 저서를 남겼다.

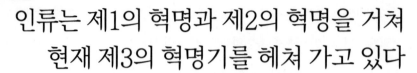

059

인류는 제1의 혁명과 제2의 혁명을 거쳐 현재 제3의 혁명기를 헤쳐 가고 있다

『제3의 물결』 앨빈 토플러

인류 문명을 질적으로 변화시킨 혁명적인 발전을 꼽는다면 무엇을 들 수 있을까요? 가장 오래전으로 거슬러 올라간다면 두 발로 설 수 있게 된 '직립 보행'을 들 수 있을 것입니다. 불의 사용도 인류가 다른 동물들보다 월등한 능력을 가질 수 있도록 한 중대한 사건 중 하나입니다. 하지만 직립 보행과 불의 사용만으로는 아직 문명을 이룩하였다고 말할 수 없을 것입니다. 인류는 농사를 짓기 시작하면서 정착 생활을 할 수 있게 되었고 그로부터 문명을 건설하고 더 나아가 고대 국가를 성립시킬 수 있었습니다. 즉 농업의 발달은 인류의 삶을 근본적으로 바꾸어 놓은 혁명적인 변화였습니다. 그런데 농업에만 머물러 있었다면 지금과 같은 풍요로운 세상이 되지는 못했을 것입니다. 현대 문명으로 발전하기 위해서는 농업과는 근본적으로 다른 혁명적인 사건이 필요했습니다. 그것이 바로 산업 혁명입니다.

미래학자인 앨빈 토플러는 1980년에 발간한 『제3의 물결』에서 인류 문명의 발전을 3단계의 혁명으로 구분하였습니다. 짐작하듯이 제1의 혁명이 바로 농업 혁명이고 제2의 혁명은 산업 혁명입니다. 그런데 우리는 지금 또 하나의 혁명을 완성하고 있다는 것입니다. 제3의 혁명이라고 할 수 있는 변화는 바로 '정보 혁명'입니다. 그가 예상한 대로 우리는 현재 정보 혁명의 시대를 지나고 있습니다.

　이제 우리는 또 다른 혁명을 준비해야 할 때입니다. 말하자면 제4의 물결이 다가오고 있는 것이죠. 토플러를 비롯한 많은 미래학자들은 제4의 혁명은 바로 우주 과학과 생명 공학이 될 것이라고 합니다. 인류의 발자취가 담긴 3개의 혁명을 이해한다면 다가오는 제4의 혁명기에 보다 능동적인 역할을 할 수 있을 것입니다.

인	류	는		제	1	의		혁	명 과	제
2	의		혁	명	을		거	쳐	현 재	제
3	의		혁	명	기	를		헤 쳐	가	고
있	다 .								

앨빈 토플러 (1928~2016) | 미래학자이자 세계적인 베스트셀러 작가. 1980년에 출간한 『제3의 물결』에 이어 후속작인 『권력 이동』, 『부의 미래』 등에서도 인류 문명의 미래와 발전 방향을 제시함으로써 지금도 세계적 명성을 얻고 있다. 그러나 한편에서는 인류의 문명 발전을 너무 장밋빛으로만 본다는 비판을 받기도 한다.

060

분업의 효과는 생산의 효율성보다는 사회적 연대를 제공하는 데 있다

『사회분업론』 에밀 뒤르켐

    고등학교 「사회 문화」 과목에는 사회를 분석하고 바라보는 두 가지 방법이 소개되어 있습니다. 하나는 서로 다른 세력이 대립하고 투쟁하면서 사회가 변화, 발전한다는 갈등론이고 다른 하나는 사회의 각 요소가 각각의 기능과 역할을 수행함으로써 조화를 이루며 발전한다는 기능론입니다. 갈등론을 대표하는 사람은 마르크스이며 기능론을 대표하는 사람은 에밀 뒤르켐입니다.

    뒤르켐은 우리가 사는 사회를 우리의 신체에 비유합니다. 손과 발 그리고 머리와 몸이 각각 자신에게 주어진 역할과 기능을 다할 때 우리의 몸이 건강한 것처럼 군인, 노동자, 정치인 등 사회의 각 분야에서 각자의 역할에 충실할 때 사회가 발전한다는 것입니다. 이것은 분업화된 오늘날의 사회를 설명하는 데 적합한 이론이기도 합니다. 사회는 분업을 통해 서로 협력하고 공동의 문제를 해결해 나가는 사회적 연대를 형성한다는 것입니다.

    그러나 사회의 각 요소가 고유한 기능을 제대로 수행하지 못하거나 특정한 세력이 너무 많은 권한을 갖게 된다면 사회는 갈등과 대립으로 혼란을 겪게 될 것입니다. 가령 군인이 국가 안보에 전념하지 않고 정치에 개입한다거나 기업이 건전한 경제 활동이 아닌 불법적인 이익을 탐낸다면 사회적 연대가 깨지는 것이죠. 그러므로 사회적 분업은 각각의 권한과 역할이 합리적으로 분배되고 수행될 때 시너지를 발휘하여 발전할 수 있습니다. 마치 우리 몸의 각 장기에 골고루 영양분이 공급되고 적절한 운동이 이루어질 때 건강한 삶을 살 수 있는 것과 같습니다.

분	업	의		효	과	는		생	산	의		효
율	성	보	다	는		사	회	적		연	대	를
제	공	하	는		데		있	다	.			

에밀 뒤르켐 (1858~1917) | 프랑스의 사회학자. 실증주의를 바탕으로 사회를 사실적, 과학적으로 분석하여 사회 현상의 작동 원리를 밝히는 데 업적을 세웠다. 객관적 관찰과 사회학적 설명을 중시한 그는 자살, 도덕, 법, 가족, 국가, 교육 등을 통해 사회를 분석하였다. 『사회분업론』과 더불어 『자살론』은 지금도 사회학의 고전으로 알려져 있다.

061

사람은 자유롭게 태어났으나
도처에서 사슬에 매어 있다

『사회 계약론』 장 자크 루소

'다시 어린아이였던 시절로 돌아갈 수 있으면 얼마나 좋을까.'

상상해 보세요. 울면서 떼를 쓰기만 해도 부모님이 맛있는 과자와 재미있는 장난감을 사 주던 어린 시절은 참 행복했습니다. 그런데 초등학교, 중학교를 거치면서 세상이 자유롭지만은 않다는 사실을 깨닫게 됩니다. "공부해라!", "질서를 지켜라!" 등 어른들이 사사건건 우리에게 간섭하는 바람에 짜증이 나기도 합니다.

어른이 되면 지금보다 더 자유롭게 살 수 있을까요? 흔히 어른들은 "너희 때가 행복한 거야."라고 말하곤 합니다. 사실 어른들도 그리 자유롭게 사는 것 같지 않습니다. 법을 준수하고 회사의 규칙과 상사의 명령을 따라야 합니다. 만일 그렇지 않으면 직장을 잃을 수도 있고 벌금을 내거나 심지어는 감옥에 갈 수도 있습니다. 그리고 보면 우리 모두가 마치 노예처럼 사슬에 묶여서 자유를 빼앗긴 채 사회 속에서 살아가야 하는 것인지도 모릅니다.

18세기에 유럽에서 활동했던 루소는 『사회 계약론』이라는 책에서 국가와 사회가 개인의 자유를 억압한다고 보았습니다. 인간은 원래 자유롭고 선한 본성을 가지고 태어나는데 사회 혹은 국가가 개인의 선한 본성을 억압하고 자유를 빼앗는다고 생각한 것이죠. 만일 모두가 어린아이로 돌아간다면 이 세상은 천국이 되겠지요. 하지만 이미 국가라는 권력이 있으므로 루소는 권력을 '일반 의지' 즉 사회 구성원들이 원하는 방향으로 만들어야 한다고 주장합니다. 루소의 사상은 훗날 민주주의의 발전에 바탕이 되기도 했습니다.

민주주의는 자유를 억압하는 '도처의 사슬'을 끊어 내는 것입니다.

사	람	은		자	유	롭	게		태	어	났	으
나		도	처	에	서		사	슬	에		매	어
있	다	.										

장 자크 루소 (1712~1778) | 프랑스의 계몽주의 사상가. 홉스, 로크에 이어 사회 계약론을 발전시킨 사상가로 프랑스 혁명에 큰 영향을 미쳤다. 『인간 불평등 기원론』, 『사회 계약론』, 『에밀』 등의 책을 남겼다.

062

다스리는 자들이
오직 거두어들이는 데만 급급하고
백성을 부양할 바는 알지 못한다

『목민심서』 정약용

　흔히 나랏일을 수행하는 사람을 공복(公僕)이라고 합니다. 공복은 국가나 사회의 심부름꾼이라는 뜻으로, 요즘은 '공무원'을 달리 이르는 말로 쓰이기도 합니다. 공복은 공평하고 공정하다는 의미의 공(公)과 하인이나 종을 의미하는 복(僕)이 합쳐진 단어입니다. 즉 나랏일을 맡아서 하는 사람은 공평하고 공정하게 일해야 하며 또한 국가와 국민에게 복종해야 한다는 의미를 가지고 있는 것입니다. 그런데 현실은 어떠한가요? 대통령, 국회의원 등 막강한 권력을 장악한 사람들이 말로는 국민의 '공복'임을 자처합니다. 하지만 고위 공직자들이 자신들의 권력과 지위를 이용하여 개인의 욕심을 채우려고 하는 경우를 수없이 목격하게 됩니다.

　예나 지금이나 공직자의 역할은 매우 중요합니다. 특히 높은 권력을 가진 공직자가 공정성을 잃고 자신의 이익에만 눈독을 들이게 되면 나라는 혼란스럽고 온갖 범죄와 사고가 난무하게 됩니다. 조선 시대의 실학자 다산 정약용은 그러한 점을 잘 알고 공직자가 갖추어야 할 덕목과 의무를 정리하였습니다. 그것이 바로 『목민심서』입니다. 다산 정약용은 철학자이자 과학자이며 동시에 정치와 행정에 대한 전문가이기도 했습니다. 『목민심서』는 정치가와 행정가들이 해야 할 일과 하지 말아야 할 일을 실증적이고 구체적으로 정리한 책입니다. 지금으로부터 약 200년 전에 쓰인 책이지만 이 책을 읽다 보면 지금의 현실을 떠올리게 됩니다. 오래전 정약용이 지적한 정치와 행정의 과제가 여전히 진행 중인 셈이지요.

다스리는 자들이 오직 거두어들이는 데만 급급하고 백성을 부양할 바는 알지 못한다.

정약용 (1762~1836) | 조선 시대의 대표적인 실학자이자 사상가. 개혁적이고 진보적인 사상과 학문을 수용하여 조선 사회를 근본적으로 변화시키기 위해 노력하였다. 정조에 의해 발탁되어 자신의 사상을 실제에 적용하였다. 거중기를 발명하여 수원성을 완성하는 등 과학 기술에 대한 식견도 탁월하였다. 저서로 『마과회통』, 『경세유표』, 『흠흠신서』, 『여유당집』 등이 있다.

063

쇠고기 먹기를 멈추면
인간과 자연의 새로운 장이 열리게 된다

『**육식의 종말**』 제러미 리프킨

　현재 세계 인구는 약 70억 명 정도라고 합니다. 한편 전 세계에는 10억 마리 정도의 소가 있다고 합니다. 대부분 인간을 위한 고기와 우유를 생산하기 위해 사육되고 있습니다. 7명의 사람들이 1마리의 소를 먹거리에 이용하고 있는 셈입니다. 그런데 70억 명의 인간이 먹어 치우는 음식과 10억 마리의 소가 먹어 치우는 사료 중 어느 쪽이 더 많을까요? 질적인 차이는 있겠지만 양적으로 비교하면 소가 먹어 치우는 사료의 양이 훨씬 많습니다.

　그런데 70억 명의 사람들 중 먹을 게 없어 기아에 시달리고 있는 사람들이 약 10억 명에 이르고 종교적, 문화적인 이유로 쇠고기를 먹지 않는 사람들이 약 10억 명 정도 된다고 합니다. 전 세계에서 쇠고기를 일상적으로 먹는 사람은 주로 선진국 사람들로 많아야 20억 명에 불과합니다. 결국 선진국의 잘사는 사람 20억 명의 식사를 위해 10억 마리의 소가 길러지고 있는 것입니다. 그런데 아프리카 등 한편에서는 먹을 것이 없어 사람들이 굶어 죽어 가고 있습니다. 소의 사료는 주로 아프리카와 아시아의 가난한 나라에서 생산됩니다. 빈곤국의 거대한 농장에서 소의 사료가 재배되어 선진국으로 수출됩니다. 바로 옆에서는 같은 나라 사람들이 굶어 죽어 가고 있는데도 말이죠. 만일 빈곤국의 거대한 농장에 가난한 사람들이 먹을 곡식을 재배한다면 현재 기아에 시달리는 10억 명이 먹고도 남을 식량을 생산할 수 있게 됩니다. 따지고 보면 선진국 사람들이 먹는 쇠고기 요리는 기아로 죽어 가는 사람들의 생명과 맞바꾼 셈입니다.

『육식의 종말』에는 이러한 충격적인 사실이 기록되어 있습니다. 저자인 제러미 리프킨은 이렇게 주장합니다. "선진국 사람들이 쇠고기 소비를 지금의 절반으로 줄이기만 해도 지구상에 굶어 죽는 사람은 사라질 것이다."

쇠	고	기		먹	기	를		멈	추	면		인
간	과		자	연	의		새	로	운		장	이
열	리	게		된	다	.						

제러미 리프킨 (1945~) | 미국의 세계적인 경제학자이자 문명 비평가. 현대 문명을 다양한 관점에서 비판하면서 새로운 대안을 제시하고 있는 세계적인 석학이다. 에너지, 환경, 노동, 세계화 등 과학, 정치, 경제적 측면에서 현대 문명을 비판한다. 저서로 『노동의 종말』, 『소유의 종말』, 『유러피언 드림』, 『공감의 시대』 등이 있다.

064

불평등은 최소 수혜자에게
이득이 되는 경우에만 정당하다

『정의론』 존 롤스

　미국 명문 대학의 입시 제도에는 소수 민족을 우대하는 전형이 있습니다. 비록 성적이 다소 낮더라도 사회적으로 교육의 기회가 부족한 소수 민족 출신을 우대하여 입학의 기회를 주는 제도입니다. 우리나라 대학에서도 저소득층이나 농어촌 지역 학생들을 우대하는 입학 전형이 있습니다. 사회적 약자에게 입학에 유리하도록 특혜를 주는 것입니다. 이를 두고 일부에서는 '역차별'이라며 비판하는 사람들이 있습니다. 하지만 사회적 약자에게 상대적으로 유리한 조건을 만들어 주는 것이야 말로 정의로운 방법이 될 수 있습니다. 미국의 사회 철학자 존 롤스는 '차등의 원칙'을 제시합니다.

　'차등'은 불평등을 의미합니다. 불평등은 올바른 것이 아니죠. 그러나 불평등이 사회적 약자에게 유리한 조건을 만들어 준다면 그 불평등은 오히려 진정한 평등을 보장하는 제도가 될 수 있습니다. 가령 장애인과 비장애인이 똑같은 조건에서 100미터 달리기 시합을 한다면 보지 않아도 뻔한 결과가 나타날 것입니다. 그런데 장애인에게는 30미터 앞에서 출발할 수 있는 혜택을 준다면 결과를 예측할 수 없는 게임이 되겠지요. 대기업과 중소기업이 경쟁할 때 중소기업에게 좀 더 유리하도록 제도를 만드는 것도 같은 원리입니다.

하지만 현실에서는 오히려 반대인 경우가 많습니다. 약자보다는 권력과 부를 가진 강자에게 법과 제도가 유리하게 적용되는 경우를 흔히 볼 수 있습니다. 롤스가 말한 '차등의 원칙'이 적절히 적용될 때 정의로운 사회를 향해 한 발 더 나아갈 수 있겠지요.

불	평	등	은		최	소		수	혜	자	에	게
이	득	이		되	는		경	우	에	만		정	당
하	다	.										

존 롤스 (1921~2002) | 미국의 사회 철학자. 평생을 사회 정의에 대해 연구하고 구체적인 실현 방법을 연구하였다. 자유주의와 공리주의를 비판적으로 계승하면서 동시에 평등과 공정을 실현하기 위한 방법을 제시한 『정의론』으로 학문적 업적을 인정받았다. 그의 제자인 마이클 샌델은 스승의 이론을 쉽게 풀이한 『정의란 무엇인가』라는 책으로 롤스의 이론을 널리 알리기도 했다.

065

자유의 원칙이 자유롭지 않을 자유까지
허용하지는 않는다

『자유론』 존 스튜어트 밀

"모든 사람은 태어날 때부터 자유롭고, 존엄하며, 평등하다."

세계인권선언문 제1조의 내용입니다. 세계인권선언문은 1948년 유엔 총회에서 48개국의 동의를 얻어 채택된 이후 세계인의 인권을 지키는 상징적인 의미로 오늘날까지 이어져 오고 있습니다. 우리나라 헌법에도 국민의 권리로서 '자유'를 인정하고 있습니다. 인간은 태어날 때부터 자유로운 존재이며 어떠한 이유로도 인간 고유의 자유를 침해하거나 빼앗을 수 없다는 것이 세계인권선언과 우리나라 헌법의 공통된 입장입니다.

그렇다면 자기 자신의 권리인 자유를 다른 사람에게 팔아 버리거나 스스로 포기할 수 있는 자유도 허용해야 할까요? 만일 자유를 포기할 자유까지 허용한다면 돈과 권력을 가진 사람들에 의해 다른 사람을 노예로 삼는 일이 생길 수도 있습니다. 물론 겉으로는 자유로운 계약으로 보이도록 하겠죠. 실제로 악덕 고리대금업자들이 조직폭력배를 앞세워 돈을 갚지 못하는 사람에게 '신체 포기 계약'을 하도록 강요하는 일도 있다고 합니다. 물론 이러한 계약은 불법이며 무효입니다.

자유는 인간에게 주어진 고유한 권리이며 어떠한 경우에도 타인에게 양도할 수 없는 권리입니다. 그러므로 어떠한 이유로도 자유를 억압하려 한다면 자신의 고유한 권리인 '자유'를 지키기 위해 당당히 맞서야 하는 것입니다.

자	유	의		원	칙	이		자	유	롭	지
않	을		자	유	까	지		허	용	하	지	는
않	는	다	.								

존 스튜어트 밀 (1806~1873) | 19세기 영국의 철학자이자 경제학자로서 벤담과 함께 공리주의 사상을 발전시켰다. 자유주의와 사회 민주주의 정치 사상의 발전에도 크게 기여하였다. 특히 『자유론』에서 개인의 자유를 보호하기 위한 '사상의 자유'와 '행복 추구권', '결사의 자유'를 강조하였다.

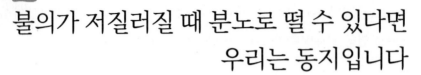

066

불의가 저질러질 때 분노로 떨 수 있다면 우리는 동지입니다

『체 게바라 자서전』 체 게바라

치한이 약한 사람을 괴롭히는 광경을 우연히 목격했다면 어떤 마음이 들까요? 힘이 있다면 그 치한에게 달려들어 혼을 내 주겠지만 그럴 만한 용기를 내지 못한다면 그저 구경만 하거나 슬그머니 그 자리를 피하게 될 것입니다. 비록 용기를 내지 못한 사람이더라도 마음속으로는 분노와 자책감을 느끼게 됩니다.

인간은 누구나 공감의 본능을 가지고 태어납니다. 타인의 고통을 보면 마음이 짠해지고 부당한 일을 목격하면 자신도 모르게 주먹을 움켜쥐게 되는 것은 바로 공감 본능 때문입니다. 용기를 내지 못하고 속으로만 분노했다고 해서 아무 의미가 없는 것이 아닙니다. 마음속에 남겨진 분노는 힘없고 약한 사람들이 강자에게 맞서 하나가 될 수 있는 원동력이 되기 때문입니다. 특히 권력이나 거대한 자본이 저지르는 불의는 혼자만의 힘으로는 이길 수 없습니다. 분노하는 사람들이 하나둘 모여 함께 연대할 때 거대한 불의에 대항할 수 있습니다.

쿠바의 혁명가 체 게바라는 의사로서 편히 살 수 있는 길을 버리고 독재 정권에 의해 고통받는 사람들을 위해 나섰습니다. 그는 자신이 혁명가가 된 것은 '불의에 대한 분노' 때문이었다고 말했습니다.

우리나라의 역사 속에서도 '4.19혁명', '6월 민주항쟁'처럼 불의에 대한 분노가 모여 민주주의를 발전시킨 사례가 있습니다. 불의에 대해 함께 분노할 때 처음 보는 사람이라도 동지이며 친구가 될 수 있고 그 힘이 모여 우리 사회를 한 걸음 앞으로 나아가게 합니다.

불	의	가		저	질	러	질		때		분	노
로		떨		수		있	다	면		우	리	는
동	지	입	니	다	.							

체 게바라 (1928~1967) | 아르헨티나 출신으로 쿠바 혁명을 승리로 이끈 혁명가. 의과 대학에 다니던 평범한 청년이었으나 아메리카의 가난한 민중들의 삶을 보고 혁명의 길로 나섰다. 혁명 성공 후 장관의 자리에 올랐으나 다시 장관직을 버리고 볼리비아 혁명에 나섰다가 정글 속에서 죽음을 맞았다.

067

우리가 증오하는 사람들에게도
표현의 자유가 허락되어야 한다

「누가 무엇으로 세상을 지배하는가」 노엄 촘스키

"나는 당신이 하는 말에 찬성하지는 않지만, 당신이 그렇게 말할 권리를 지켜 주기 위해서라면 내 목숨이라도 기꺼이 내놓겠다." 프랑스의 철학자 볼테르가 했다고 전해지는 말입니다(실제 볼테르가 직접 한 말은 아니라고 함). 볼테르가 살았던 약 300년 전 프랑스는 절대 왕권이 지배하던 시기였습니다. 그 시대에 이러한 의견을 표현했다는 것은 매우 용기 있는 행동이었습니다. 실제로 볼테르는 권력에 저항하다가 투옥과 망명을 거듭하기도 했습니다. 우리나라에도 볼테르 못지않게 목숨을 걸고 표현의 자유를 요구한 사람들이 많습니다. 노동자, 학생, 언론인, 학자, 문인, 예술가 등 수많은 사람들이 독재 권력의 억압에도 굴하지 않고 표현의 자유를 위해 싸웠습니다.

오늘날 볼테르에 비견될 인물을 들자면 미국의 언어 철학자 촘스키를 꼽을 수 있을 것입니다. 촘스키는 언어 철학자이지만 현실 정치에 대해 거침없이 비판적인 발언을 하는 학자로 유명합니다. 그의 비판은 국가와 지역을 가리지 않습니다. 한국 정부에 대해서도 여러 차례 쓴소리를 한 적도 있습니다. 그는 미국인이면서도 미국 정부에 대해 가장 비판적인 인물입니다. 미국의 민주주의가 유지되는 것은 역설적으로 촘스키와 같은 비판적인 목소리를 내는 사람들이 있기 때문이라고 해도 과언이 아닐 것입니다.

　표현의 자유는 사회적 소수자와 약자에게 주어진 유일한 자기표현의 조건입니다. 어떠한 말이든 옳고 그름을 따지기 전에 말할 자유를 보장하는 것이 민주주의의 기본이기 때문입니다.

　우리가 증오하는 사람들에게도 표현의 자유가 허락되어야 한다.

노엄 촘스키 (1928~) | 미국의 언어 철학자. 변형생성문법 이론으로 언어학에 큰 영향을 끼쳤다. 또한 사회 운동에 적극 참여하는 대표적인 비판적 지식인이다. 1960년대 베트남 전쟁 반대 운동으로 투옥되기도 했으며 최근에는 미국의 팽창주의, 신자유주의를 앞장서 비판하면서 '미국의 양심'이라는 별명을 얻기도 했다. 언어학 이외에 비판적 저서로 『불량 국가』, 『미국이 진정으로 원하는 것』, 『그들에게 국민은 없다』 등이 있다.

068

너의 의지의 준칙이
항상 동시에 보편적 입법 원리로서
타당할 수 있도록 행위하라

『실천 이성 비판』 임마누엘 칸트

철학에 대해 특별한 지식이 없는 사람도 '칸트'라는 철학자의 이름은 들어 보았을 것입니다. 하지만 칸트의 책을 읽어 본 사람은 많지 않을 것입니다. 이 글을 쓰고 있는 필자도 솔직히 말해 칸트 철학을 설명해 놓은 책을 읽었을 뿐 몇 번의 시도에도 불구하고 칸트의 책을 끝까지 완독하지는 못했음을 고백합니다.

인간이 행해야 할 원칙을 제시한 칸트의 대표적 저서『실천 이성 비판』에는 '정언 명령'이 등장합니다. 정언 명령은 어떠한 조건도 없이 무조건 지켜야 하는 절대적 명령을 의미합니다. 쉽게 말하면 인간이라면 꼭 지켜야 하는 의무 같은 것이지요. 그런데 문장의 표현이 너무 어렵습니다.

인간은 본능에 따라 행동하는 동물과 달리 자신의 행동을 스스로 결정할 수 있는 자유 의지를 가지고 있는 존재입니다. 즉 인간은 선한 행동과 악한 행동을 스스로 선택할 수 있습니다. 그런데 인간이 어떠한 행위를 하려고 결정할 때 선택의 기준(너의 의지의 준칙)이 자신 이외의 다른 누가 보아도(항상 동시에 보편적 입법 원리로서) 타당해야 한다는 것이 칸트의 주장입니다. 가령 시험 시간에 부정행위를 하고 싶은 욕망이 들 때가 있습니다. 하지만 다른 사람이 나와 똑같이 부정행위를 한다면 용납할 수 없겠지요. 즉 자신이 하려는 행위를 다른 사람이 하더라도 정당한 경우에만 그 행위가 정당하다는 것입니다. 칸트는 이 정언 명령을 인간이라면 무조건 지켜야 할 원칙이라고 보았습니다. 정언 명령을 지키지 못하는 인간에게는 자유 의지가 아무런 의미가 없으며 인간으로서 자격도 없다는 것입니다.

> 나의 의지의 준칙이 항상 동시에 보편적 입법 원리로서 타당할 수 있도록 행위하라.

임마누엘 칸트 (1724~1804) | 독일의 철학자. 서양 근대 철학의 완성자로 불릴 만큼 근대의 위대한 철학자로 알려져 있다. 그의 사상은 후대에 큰 영향을 주었고 현대 철학에서도 그가 제시한 개념이 계승되고 있다. 대표적인 저서로 『순수 이성 비판』, 『실천 이성 비판』, 『판단력 비판』 등이 있다.

069

인간은 빵만으로 살기를 원치 않으며, 보다 높은 목적, 정신적 목적을 탐구한다

『열린사회와 그 적들』 칼 포퍼

인류의 역사는 수많은 철학자와 정치 지도자들을 기록하고 있습니다. 그들은 하나같이 자신이 건설하는 세계는 유토피아가 될 것이라고 장담했습니다. 그러나 인류의 역사에서 유토피아는 한 번도 존재한 적이 없습니다. 플라톤은 철인 정치를 주장했지만 이루어지지 못했습니다. 애덤 스미스는 시장의 작동을 보이지 않는 손에 맡기면 개인과 국가는 부강해진다고 했습니다. 그러나 자본주의의 현실은 극심한 빈부 격차로 사회적 갈등이 더욱 커졌습니다. 자본주의의 모순을 근본적으로 해결하겠다던 마르크스 역시 유토피아를 건설하지는 못했습니다.

1945년 철학자 칼 포퍼는 기존의 이론들이 가진 문제점을 비판하면서 새로운 사회의 모델을 제시하였습니다. 그는 플라톤이나 마르크스처럼 혁명적인 변화를 통해 사회를 변혁하는 것은 이상론에 불과하다고 비판하면서 '열린사회'를 대안으로 제시합니다. 열린사회는 전체주의에 대립되는 개념으로 개인의 자유를 전제로 점진적 변화를 추구하는 사회로 정의할 수 있습니다. 각 개인들이 자아를 실현하고 정신적 가치를 추구하는 사회가 바로 열린사회이며 이를 방해하는 모든 것을 열린사회의 적으로 보았습니다. 그는 열린사회의 적은 구체적으로 파시즘과 공산주의라고 주장합니다.

20세기 초, 전체주의의 폐해를 목격한 사람들은 칼 포퍼의 주장에 열광하였고 우리나라에도 '열린사회'에 대한 관심이 고조되었습니다. 하지만 그가 말하는 열린사회 역시 또 하나의 이상론에 불과하다는 비판도 존재합니다.

인	간	은		빵	만	으	로		살	기	를
원	치		않	으	며	,		보	다		높	은		목
적	,		정	신	적		목	적	을		탐	구	한	다	.

칼 포퍼 (1902~1994) | 오스트리아 출신의 철학자. 청소년 시절에는 열렬한 마르크스주의자였으나 마르크스주의의 전체주의적 성격을 발견하고 전체주의의 문제점을 연구하는 데 전념하였다. 특히 '열린사회'의 적으로 플라톤과 헤겔을 비판하여 사회 철학계에 파문을 일으키기도 했다.

070

시장 경제라는
'사탄의 맷돌'에 노출된다면 사회는
한순간도 견뎌 내지 못한다

『거대한 전환』 칼 폴라니

　21세기는 무한 경쟁의 시대입니다. 동네 빵집은 다국적 기업인 '파리바게트' 와 경쟁해야 하고 마을 슈퍼마켓은 거대 기업의 대형 마트와 경쟁해야 합니다. 자본주의 원리의 원조격인 애덤 스미스는 시장에서의 자유로운 경쟁이야말로 사람들의 삶을 풍요롭게 만드는 유일한 방법이라고 말했습니다. 그러나 현실에서 몸으로 체험하는 경쟁은 결코 공정하다고 말할 수 없습니다. 마치 초등학생과 헤비급 격투기 선수가 1:1로 난투극을 벌이는 것처럼 보일 정도입니다. 세계화가 진행되면서 이러한 무한 경쟁은 더욱 치열해지고 있습니다.

　산업 혁명 이후 본격화된 자본주의는 20세기에 꽃을 피웠습니다. 특히 서구 선진국들은 유래 없는 풍요를 만끽하였습니다. 정치가들과 경제학자들은 앞다투어 자유 시장 경제를 찬양하였고, 아무도 시장 만능주의가 가져올 위험에 대해서는 관심을 두지 않았습니다.

　1944년 칼 폴라니가 출간한 『거대한 전환』은 브레이크 없이 달리는 시장 만능주의에 대한 경고이자 자본주의 이후를 대비하려는 대안이었습니다. 그는 시장 만능주의로 치닫고 있는 세계를 '사탄의 맷돌'이라는 말로 표현하면서 인간의 삶을 시장에만 맡긴다면 사회는 지옥이 되고 말 거라고 경고하였습니다. 하지만 경제학자들과 정치인들은 폴라니의 주장을 애써 외면하였습니다. 그 결과 약 60여 년이 지난 지금 세계는 폴라니가 경고했던 대로 강자 독식과 약육강식의 고통스러운 시대가 되었습니다.『거대한 전환』의 책장을 넘기다 보면 칼 폴라니는 경제학자가 아니라 예언가가 아닐까라는 의문이 듭니다.

21세기 자본주의는 어디로 가야 할 것인가. 칼 폴라니의『거대한 전환』에서 그 방향을 찾아보세요.

시장 경제라는 '사탄의 맷돌'에 노출된다면 사회는 한순간도 견뎌 내지 못한다.

칼 폴라니 (1886~1964) | 헝가리 출신의 경제학자. 영국으로 이주한 후 억압된 노동자의 현실과 시장 사회에 대한 혐오감을 가지게 되었다. 산업 혁명이라는 거대한 전환이 인간과 자연을 상품화하고 전통적인 기능을 박탈했다고 보고『거대한 전환』에서 자유 시장의 허구성을 역사적인 근거를 통해 분석·비판하였다.

071

과학의 발전은 기존의 인식을 뛰어넘는 패러다임의 전환을 통해 이루어진다

『과학 혁명의 구조』 토마스 쿤

　과학은 인문학이나 사회 과학에 비해 매우 명확하고 객관적인 진리를 추구하는 분야입니다. 인문학이나 사회 과학은 시대와 문화에 따라 그 결과가 다르게 나타날 수 있지만 뉴턴의 만유인력 법칙과 같은 과학적 진리는 언제 어디서 실험을 하더라도 동일한 결과를 도출할 수 있다는 것을 전제로 합니다.

　그런데 과학의 이러한 원칙에 반기를 들고 나온 사람이 있었습니다. 바로 토마스 쿤이라는 과학자입니다. 그는 과학이 개별적인 발전이나 발명이 쌓여 서서히 발전하는 것이 아니라 기존의 체계(패러다임)를 뒤집고, 완전히 새로운 패러다임이 그 자리를 메우는 과학 혁명을 통해 변화한다고 주장합니다. 그 예로 지구가 우주의 중심이라는 천동설의 진리는 지동설이라는 완전히 다른 패러다임에 의해 무너졌으며, 지동설 역시 아인슈타인의 상대성 이론에 의해 완전히 다른 체계가 되었다는 것입니다. 그의 이론에 의하면 과학적 진리도 시대에 따라 사람들의 가치관에 따라 변할 수 있는 것입니다.

　그렇다면 우리가 지금 배우며 믿고 있는 진리는 영원한 것일까요? 만일 지금 내가 믿고 있는 진리가 일시적인 것이라면 진리를 향한 노력은 어떤 의미를 가질 수 있을까요? 토마스 쿤을 비판하는 사람들은 그의 주장이 자칫 허무주의에 빠질 수 있다고 비판합니다. 인간은 언제나 영구불변의 진리를 찾고 싶어 했습니다. 그러나 영원히 변치 않는 진리를 얻는 것은 불가능한 꿈일지도 모릅니다. 다만 영원한 진리를 찾지는 못했지만 인류는 끊임없이 진리를 찾아가는 과정에서 진보를 이루었고 새로운 과학적 발견도 이룰 수 있었다는 사실은 변함없을 것입니다.

> 과학의 발전은 기존의 인식을 뛰어넘는 패러다임의 전환을 통해 이루어진다.

토마스 쿤 (1922~1996) | 미국의 물리학자이자 과학 철학자. 그가 창안한 '패러다임(paradigm)'이란 한 시대의 사회 전체가 공유하는 이론·법칙·지식 및 사회적 믿음이나 관습 등을 통틀어 일컫는 개념으로서, 그는 이 패러다임이 한 시대의 세계관과 과학적 문제에 접근하는 방법을 지배한다고 보았다.

072

과학의 진보는 사실에 대한 분석과 이해가 아니라 그 의미를 성찰하는 과정에서 성취된다

『부분과 전체』 하이젠베르크

　제2차 세계 대전이 한창이던 1943년, 미국의 작은 산골 마을에 특별한 사람들이 모여들었습니다. 100여 명의 세계적인 과학자와 수학자 들이었습니다. 그들에게 주어진 비밀 작전명이 '맨해튼 프로젝트'입니다. '맨해튼 프로젝트'에 참여한 과학자들은 원자 폭탄을 개발하는 작업에 돌입합니다. 약 3년 후 그들이 만든 원자 폭탄은 일본의 히로시마와 나가사키 상공에서 폭발하게 됩니다. 미국 정부는 그들을 영웅으로 대접하였고 그들 중 여러 명이 노벨상을 받는 영광을 누리기도 했습니다.

　그러나 한편에서는 이들에 대한 비판도 끊이지 않았습니다. 자신들이 개발한 무기가 무고한 민간인을 학살하는 용도로 쓰일 것을 뻔히 알면서 맨해튼 프로젝트에 참여했다는 것은 생명의 존엄성을 망각한 잘못된 행동이라는 것입니다. 맨해튼 프로젝트를 이끌었던 오펜하이머는 "과학자는 연구만을 할 뿐이며 연구의 결과를 어떻게 사용하는가에 대해서는 책임이 없다."는 말로 '과학의 가치 중립성'을 주장하여 자신들의 연구를 정당화했습니다.

　한편 독일 출신으로서 양자 역학을 정립한 당대 최고의 물리학자 하이젠베르크는 맨해튼 프로젝트에 참여한 과학자들과는 다른 입장을 가졌습니다. 나치 정권의 억압에도 불구하고 원자력은 평화적 용도로 활용해야 한다는 소신을 굽히지 않았습니다. "과학자는 결코 가치 중립적이지 않으며 자신의 연구가 인류 전체에 어떠한 의미를 갖는지 끊임없이 성찰하여야 한다." 하이젠베르크가 위대한 과학자로 기억되는 것은 그의 연구 업적과 함께 인류의 평화를 위한 그의 성찰이 있었기 때문입니다.

과학자의 꿈을 가진 사람이라면 그의 활동과 생애를 담은 자서전 『부분과 전체』를 읽으며 진정한 과학자의 모습을 떠올릴 수 있을 것입니다.

과	학	의		진	보	는		사	실	에		대
한		분	석	과		이	해	가		아	니	라
그		의	미	를		성	찰	하	는		과	정	에
서		성	취	된	다	.						

하이젠베르크 (1901~1976) | 독일의 이론 물리학자. 미립자의 세계를 분석한 양자 역학의 선구자이다. 그는 불확정성 원리로 아인슈타인이 설명하지 못한 미시 세계의 원리를 밝혔다. 제2차 세계 대전 중에 독일의 원자력 계획의 지도자가 되었지만 원자 폭탄 제조를 반대하고 소규모의 원자로 연구에만 전념하였다. 1932년에 노벨 물리학상을 수상했다.

073

미네르바의 올빼미는
황혼 무렵에야 날기 시작한다

『법철학』 헤겔

　그리스 로마 신화에는 지혜의 여신이 등장합니다. 그리스 신화에서는 '아테나'라고 하고 로마 신화에서는 '미네르바'라고 부릅니다. 지혜의 여신은 불행한 일을 당한 공주를 올빼미로 변신시켜 주었는데 올빼미로 변신한 공주는 부끄러움이 많아서 해가 진 다음에야 날개를 펴고 사냥에 나섰다고 합니다.

　독일의 관념론을 대표하는 철학자 헤겔은 자신의 저서 『법철학』의 서문에서 미네르바의 올빼미를 상징적인 의미로 쓰고 있습니다. 미네르바의 올빼미는 철학 또는 세상의 모든 학문을 상징합니다. 철학과 학문은 혼탁한 세상에서 벌어지는 현상을 이론적으로 밝히고 원인을 분석하는 역할을 합니다. 그런데 철학과 학문은 황혼 무렵, 즉 일이 다 벌어진 후에야 뒷북을 친다는 것입니다. 철학과 학문은 세상을 이해시켜 주고 세상이 변화하는 원리를 알게 해 주지만 그 자체로 세상을 변화시키지는 못합니다. "미네르바의 올빼미는 황혼 무렵에야 날기 시작한다."라는 헤겔의 말이 이해하기 어렵다면 다음과 같은 사례를 떠올려 보면 됩니다.

　이순신 장군은 임진왜란을 승리로 이끌었지만 당시 조선 사회는 이순신의 가치를 발견하지 못했습니다. 이순신 장군이 위대한 장군으로 평가된 것은 전쟁이 끝난 후, 영의정을 지낸 학자 유성룡이 임진왜란을 기록한 『징비록』 덕분이었습니다. 또 다른 예로 1997년 IMF 경제 위기 당시 수많은 경제학자가 있었지만 사태를 정확히 파악한 사람은 없었습니다. 우리가 IMF를 극복할 수 있었던 것은 학자들의 지혜가 아니라 일반 국민들이 흘린 피와 땀 덕분이었습니다.

　문제를 해결하기 위해서는 미네르바의 올빼미가 날기를 기다리기보다는 스스로의 힘을 믿고 실천하려는 노력이 더 중요하지 않을까요.

미	네	르	바	의		올	빼	미	는		황	혼
무	렵	에	야		날	기		시	작	한	다	.

헤겔 (1770~1831) | 독일의 철학자. 관념론 철학을 완성시켰으며 그가 정립한 변증법을 훗날 마르크스가 비판적으로 계승하여 사회 변화의 원리로 발전시켰다. 철학의 역사에서 헤겔은 칸트의 철학을 계승하여 근대 철학을 완성시킨 인물로 평가받는다.

4^부

공동체를 향한
길에서 만난 문장

074

역사란 과거와 현재의
끊임없는 대화이다

『역사란 무엇인가』 E. H. 카아

조선 중기에 광해군이라는 임금이 있었죠. 그는 한 나라의 임금이었지만 조선 역사는 그를 '군(君)'으로 기록하고 있습니다. 폐위된 왕에게는 죽은 다음에 묘호(廟號)를 올리지 않기 때문이죠. 광해가 임금으로 있던 당시 조선은 기울어 가는 명나라와 새로운 강대국으로 떠오르는 청나라 사이에서 어느 편을 들 수도 없는 곤란한 입장에 처해 있었습니다. 조선의 세도가들은 유교적 명분을 들어 명나라를 섬기고 청나라를 오랑캐로 여겼지만 광해는 기울어 가는 명나라보다는 새로 강대국으로 부상하고 있는 청나라와 화친을 맺고 실리적인 외교를 펼쳤습니다. 결국 광해는 반정으로 왕의 자리에서 쫓겨나게 됩니다.

유교적 가치관이 강했던 조선 양반들의 시각으로 보면 광해는 명나라를 배신하고 의리를 저버린 패륜적 인간에 불과했습니다. 그러나 오늘날 광해 임금은 새롭게 재해석 되고 있습니다. 배신자가 아니라 조선 민중들을 위해 실리적인 외교를 추구했던 왕으로 평가되고 있는 것입니다. 과거의 사실은 그대로인데 어떠한 시각에서 바라보는가에 따라 폭군이 되기도 하고 성군이 되기도 합니다. 즉 역사는 고정된 과거의 일이 아니라 변화하는 가치관에 따라 끊임없이 재해석 되고 재평가되는 것입니다.

역사학자 E.H. 카아는 "역사란 과거와 현재의 끊임없는 대화이다."라는 말로 역사의 현재성을 강조합니다. 또한 역사는 강물과 같다고도 말합니다. 비록 강물이 일시적으로 방향을 바꾸기도 하고 때론 소용돌이치며 역류하는 경우도 있지만 큰 줄기를 바라보면 결국 바다를 향해 흘러가듯 역사도 일시적으로는 제자리걸음을 하는 것처럼 보일지라도 결국은 보다 나은 세상을 향해 진보해 나간다는 것입니다. 그 진보의 방향이란 자유와 평등 그리고 인간의 존엄성이 존중되는 세상을 의미하는 것이겠지요.

| 역|사|란| |과|거|와| |현|재|의| |끊|
|임|없|는| |대|화|이|다|.| | | | | |

E.H. 카아 (1892~1982) | 영국의 정치학자이자 역사학자. 런던 출신으로 케임브리지 대학을 졸업하고 외교관으로 재직하면서 국제 정치와 역사에 대한 연구를 하였다. 그 후 웨일스 대학 국제 정치학 교수를 지냈고, 제2차 세계 대전 중에는 정보성 외교부장, 런던 타임스 논설위원을 역임하였다. 『위기의 20년』, 『서구 세계에서의 소비에트의 충격』, 『새로운 사회』 등의 저서를 남겼다.

075

미술은 존재하지 않는다, 다만 미술가들이 존재할 뿐이다

『서양 미술사』 곰브리치

서너 살 정도의 아이들은 끊임없이 스스로 놀이를 만들어 냅니다. 굳이 멋진 장난감이 아니더라도 모든 것이 놀이의 도구이자 대상이 됩니다. 아빠의 등에 올라타면 아빠는 자동차도 되고 달리는 말이 되기도 합니다. 유치원 마당의 꽃밭은 거대한 공룡이 사는 쥐라기 시대의 밀림이 되고, 고장 난 휴대 전화는 은하계를 누비는 우주선이 되기도 합니다. 어른들이 노는 방법을 가르쳐 주지 않아도 아이들은 놀이를 통해 자신만의 상상의 세계를 만들어 갑니다.

예술도 아이들의 놀이와 매우 비슷합니다. 예술가들이 자기가 상상한 대로 놀면 그것이 예술이 됩니다. 음악가는 악기나 목소리로, 작가는 글로, 화가는 붓과 물감으로 신나게 놉니다. 아이들이 끊임없이 새로운 놀이를 만들어 내듯이 예술가들도 끊임없이 새로운 놀이(작품)를 만들어 냅니다. 그 작품들이 쌓이고 쌓여 음악이 되고, 문학이 되며, 미술이 되는 것입니다. 애초에 "예술은 이런 것이다. 예술의 범위는 어디에서부터 어디까지다."라고 정해져 있지 않습니다.

서양 미술의 역사를 담은 걸작 『서양 미술사』의 첫머리에서 저자인 곰브리치는 "미술은 존재하지 않는다. 다만 미술가들이 존재할 뿐이다."라고 이야기했습니다. 알듯 모를 듯 무슨 소린지 이해가 잘 안 된다면 어린 아이들의 놀이를 생각해 보세요. 놀이라는 것이 정해져 있어서 아이들이 노는 것이 아니듯이, 미술이라는 정해진 틀 또한 애당초 없었습니다. 다만 미술가들이 자유롭게 만든 상상의 세계를 편의상 미술이라고 부를 뿐인 것이죠. 즉 예술을 사전적으로 정의하는 순간 그것은 이미 예술이 아닌 것이 됩니다. 예술가의 상상은 마치 어린아이의 놀이처럼 정해진 개념의 틀 안에 가둘 수 없는 것이기 때문입니다.

미술은 존재하지 않는다, 다만 미술가들이 존재할 뿐이다.

곰브리치 (1909~2001) | 오스트리아 출신의 미술 사학자. 오스트리아 빈 대학교에서 미술 사학과 고전 건축학을 공부하였고. 제2차 세계 대전이 발발하자 독일의 나치즘을 피해 런던으로 이주하여 바르부르크 연구소를 거쳐 런던 대학교 교수로 재직하였다. 그의 대표적 저서 『서양 미술사』는 미술가는 물론 일반인들에게도 널리 읽히는 최고의 역작으로 꼽힌다.

어느 날 새들의 지저귀는
소리가 사라졌다

『**침묵의 봄**』 레이첼 카슨

1950~60년대는 세계 선진국들이 과학 기술을 바탕으로 엄청난 부를 축적하던 시기였습니다. 특히 미국은 거대한 다국적 기업을 중심으로 최고의 성장기에 접어들었습니다. 대기업들은 자연을 개척하고 조작하여 엄청난 돈을 벌었습니다. 덕분에 미국 경제는 멈출 줄 모르고 성장했고 국민들도 풍요로운 생활에 익숙해져 갔습니다. 그러던 1962년, '레이첼 카슨'이라는 여성이 『침묵의 봄』이라는 책을 세상에 내놓습니다. 『침묵의 봄』은 과학 기술에 대한 내용을 담은 책이었지만 한편으로 감성 넘치는 문학 작품이기도 했습니다. 이 책은 딱딱한 과학 지식이 아니라 한 편의 우화로 시작합니다.

아름다웠던 마을에 눈이 녹고 사람들은 봄 소식을 기다립니다. 하지만 봄의 전령인 새들이 보이지 않습니다. 마을은 새들의 소리가 사라진 죽음의 공간으로 바뀌어 갑니다. 무분별하게 사용해 온 살충제 때문에 마을은 온통 죽음의 땅이 되어 버린 것입니다.

책이 나왔을 때 전문가들은 코웃음을 쳤습니다. 거대 농약 회사를 펀드는 과학자들은 책의 저자인 레이첼 카슨에 대해 박사 학위도 없는 비전문가일 뿐이라고 무시했으며 또 일부는 결혼도 못 한 노처녀가 히스테리를 부리는 것이라고 비아냥거리기까지 했습니다.

　1963년 레이첼 카슨은 TV 토론에 나와 과학자와 정부 관료를 상대로 살충제의 폐해와 농약 사용에 대한 문제점을 날카롭게 지적했습니다. 그녀를 지켜보던 수많은 미국인들은 그동안 알지 못했던 환경의 중요성을 새롭게 인식하게 됩니다. 새들의 지저귀는 소리가 사라지면 우리 인간도 살아남지 못할 것이라는 그녀의 경고는 인간에 의한 자연 지배 관계를 근본적으로 바꿔야 한다는 인식으로 퍼져 나갔고 환경 운동을 촉발시키는 계기가 되었습니다.

> 어느　날　새들의　지저귀는
> 소리가　사라졌다.

레이첼 카슨 (1907~1964) | 미국의 여성 해양 생물학자이자 작가. 그녀의 저서 『침묵의 봄』은 인류의 환경 문제에 대한 인식을 바꾼 책으로 산업 사회에 큰 충격을 주었다. 이 책으로 인해 미국에서 1969년 국가환경정책법을 제정하는 계기가 마련되었다. 레이첼 카슨은 미국 〈타임〉이 선정한 '20세기 중요 인물 100명' 가운데 꼽히기도 했다. 『바닷바람을 맞으며』, 『우리를 둘러싼 바다』 등의 저서를 남겼다.

077

미디어는 메시지다

『미디어의 이해』 마셜 맥루한

"3년 뒤에 인류가 멸망한대!"

친구에게 이런 말을 들었다면 어떤 대답을 하게 될까요? 아마도 "웬 헛소리야?"라며 꿀밤을 한 대 놓을 수도 있습니다. 그런데 같은 말을 TV를 통해 들었다면 어떨까요? 같은 내용, 달리 말해 같은 메시지라도 어떤 미디어(매체)를 통해 전달하는가에 따라 그 영향력은 크게 달라집니다. 가령 전쟁의 비참한 현실을 신문과 TV를 통해 보도한다고 가정해 봅시다. 문자로 표현한 신문을 접한 사람보다는 영상과 음향이 함께 전달되는 TV를 통해 정보를 얻은 사람이 전쟁의 비참함을 훨씬 강하게 느낄 것입니다.

과학 기술이 발전하면서 수많은 미디어가 등장했습니다. 문자, 사진, 동영상에 이어 앞으로는 가상 체험이 가능한 매체까지 등장할 예정이라고 합니다. 문자를 통해 메시지를 전하던 시대까지만 해도 매체 자체보다는 매체가 담고 있는 내용이 중요했습니다. 그러나 오늘날에는 전달하고자 하는 내용보다 어떤 매체를 사용하는가에 따라 그 영향력이 결정됩니다. 즉 미디어(매체) 자체가 메시지 역할을 하게 된 것입니다. 원시 시대의 미디어는 오로지 사람의 입이었지만 통신 기술이 발전하면서 사람의 입은 다양한 매체의 도움으로 무한히 확장하게 되었습니다. 시공간을 뛰어넘어 지구 반대편에 있는 사람에게도 영향력을 미치게 된 것입니다. 이는 미디어를 장악하면 사람들의 생각을 마음대로 조작할 수도 있다는 것을 의미합니다. 오늘날 미디어는 보이지 않는 권력이 되어 영향력을 행사하고 있습니다. 미디어에 대한 비판적인 눈을 갖지 못한다면 조지 오웰의 소설 『1984』처럼 생각을 통제받는 사회로 전락할 수도 있습니다.

미	디	어	는		메	시	지	다	.				

마셜 맥루한 (1911~1980) | 캐나다의 미디어 전문가이자 문화 비평가. 미디어의 발달이 인간과 사회에 어떠한 영향을 미치는지 날카롭게 파헤쳤다. 그의 이론은 인터넷과 SNS 등 새로운 미디어의 등장으로 더욱 새롭게 주목받고 있다.

078

군주는 여우의 지혜와 사자의 힘을 동시에 가져야 한다

『군주론』 마키아벨리

혹시 학교에 '미친개'라는 별명을 가진 선생님이 계신가요?

최근에는 많이 달라졌지만 약 십여 년 전만 해도 중·고등학교마다 학생들의 생활 지도를 담당하는 선생님의 별명이 '미친개'로 통하는 경우가 많았습니다. '미친개' 선생님들의 공통점은 공포의 대상이 될 정도로 무섭다는 것입니다. 학생들끼리 모이면 '미친개' 선생님의 흉을 보거나 불만 사항을 이야기하지만 정작 '미친개' 선생님 앞에서는 벌벌 떨어야 했지요. 다른 수업 시간에는 떠들거나 장난을 치던 아이들도 '미친개' 선생님 수업에서는 수업이 끝나는 종이 울릴 때까지 범생이가 되어야 했습니다.

어떤 집단을 이끄는 지도자는 기본적으로 아랫사람에 대한 애정 어린 통솔력을 갖추어야겠지만 그것만으로는 집단의 질서를 유지하고 통솔하기에 부족한 경우가 있습니다. 아마도 '미친개' 선생님들은 본래 성품이 고약한 것이 아니라 학생들을 통솔하기 위해 어쩔 수 없이 악역을 맡았을 가능성이 높습니다. 사람들의 이러한 특성을 간파하고 그것을 왕이 국가를 통치하는 이론으로 정립한 사람이 바로 마키아벨리입니다. 그는 왕이 백성들을 다스리기 위해서는 교활한 방법을 동원해야 한다고 주장했습니다. 왕은 그 누구에게도 만만하게 보여서는 안

되며 백성들에게 공포의 대상이 되어야 한다는 것입니다. 무서운 왕이 가끔 온정을 베풀면 백성들은 더욱 고마운 마음을 가지게 된다는 것이지요.

그의 주장은 후대에 많은 독재자들에 의해 악용되기도 했습니다. 하지만 역설적으로 그가 쓴 『군주론』은 권력의 본질이 무엇이며 권력을 가진 사람들이 권력을 어떻게 활용하는지 알게 해 줍니다.

군	주	는		여	우	의		지	혜	와		사
자	의		힘	을		동	시	에		가	져	야
한	다	.										

마키아벨리 (1469~1527) | 르네상스 말기 이탈리아의 사상가. 인간은 사회적 · 정치적 존재이며, 모든 정치는 힘의 관계에서 비롯된다는 것을 이론적으로 밝혔다. 그의 이름을 따서 붙여진 '마키아벨리즘'은 목적을 위해서는 수단을 가리지 않는다는 것을 뜻하기도 하지만 권력의 본질을 합리적, 논리적으로 설명한다는 의미에서 부정적인 측면만 있는 것은 아니다.

079

노동을 통해 부자가 되는 것이야말로
진정으로 신을 섬기는 행위이다

『프로테스탄티즘의 윤리와 자본주의 정신』 막스 베버

성경에 "부자가 천국에 가는 것은 낙타가 바늘구멍에 들어가는 것보다 더 힘
들다." 라는 말이 있습니다. 기독교 전통이 강한 중세 유럽 사회에서 부자로 사
는 것은 올바른 태도가 아니었습니다. 하지만 당시 집권 세력들은 그 말을 교묘
하게 위장하여 이용했습니다. 철저한 신분 사회였던 중세 유럽은 교회와 귀족들
이 권력과 경제권을 가지고 있었습니다. 그들은 평민들을 수탈하여 호화로운 생
활을 했습니다. 당시 '부자'는 귀족이나 성직자를 일컫는 말이 아니라 평민 신분
으로서 상공업에 종사하는 사람들을 가리키는 것으로 그들을 억압하는 데 쓰였
던 것입니다.

근대의 여명이 열리면서 평민 출신의 상공업자들이 서서히 힘을 키워 나가기
시작했습니다. 이들은 기존의 신분 질서를 넘어 스스로의 노력을 통해 부를 창
출하기 위해 노력하였죠. 하지만 여전히 부를 창출하는 것은 귀족이나 교회 권
력에 의해 성경에 어긋나는 행위로 치부되었습니다. 이들에게는 기존의 귀족들
에 맞서 자신들의 삶을 정당화해 줄 종교적 이론이 필요했습니다. 그 때 나타난
사람이 바로 막스 베버입니다. 베버는 근면, 성실, 절제를 통해 부를 축적하는
것은 사회의 발전을 이끄는 원동력이 된다는 점을 강조하면서 그러한 노력이야

말로 신의 말씀을 실천하는 것이라고 주장합니다. 그의 이론은 자본주의 발전에 바탕이 되어 지금까지 이어져 오고 있습니다.

그렇다면 부자들은 하느님의 말씀을 실천한 사람일까요? 오해는 금물입니다. 베버는 근면, 성실, 절제의 바탕에서 이룬 부를 긍정적으로 보았을 뿐 최근 말썽이 되고 있는 재벌들의 독점과 횡포를 긍정한 것은 아닙니다. 특히 부와 권력을 가진 사람들이 저지르는 '갑질'은 신을 배신하는 행위일 뿐입니다.

노	동	을		통	해		부	자	가		되	는
것	이	야	말	로		진	정	으	로		신	을
섬	기	는		행	위	이	다	.				

막스 베버 (1864~1920) | 독일의 사회 과학자. 정치, 경제, 사회, 역사, 종교 등 학문과 문화 일반에 대해 다양한 활동을 하였다. 오늘날에도 철학이나 사회학 등에서 큰 영향을 미치고 있다. 특히 『프로테스탄티즘의 윤리와 자본주의 정신』은 칼뱅 등에 의한 종교 개혁의 의미를 자본주의 정신으로 해석하여 초기 자본주의 발전에 큰 영향을 주었다.

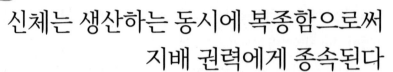

080

신체는 생산하는 동시에 복종함으로써
지배 권력에게 종속된다

『감시와 처벌』 미셸 푸코

　초등학교에 입학하여 처음 배우는 것이 '앞으로 나란히'입니다. 고학년이 되면 차렷, 열중쉬어를 배우고 남자의 경우 군대에 가면 더 엄격한 제식 훈련을 받게 됩니다. 사회에 나가서도 다르지 않습니다. 회사에서는 상사나 고객을 대하는 자세와 말투를 배워 그대로 행동해야 합니다. 심지어는 가정에서도 어른들 앞에서는 다리를 모으고 바른 자세를 취해야 합니다.

　만일 "앞으로 나란히!"라는 지시를 무시하고 제 맘대로 돌아다닌다면 그 아이는 문제아로 낙인찍혀 벌을 받게 됩니다. 성인이 되어서까지 천방지축으로 날뛰면 심한 경우 정신 병원이나 감옥에 갇히는 신세가 될 수도 있습니다. 사회 구성원으로 인정받기 위해서는 이러한 행동이 몸에 배야 합니다. 흔히 이러한 과정을 두고 "철이 든다."라고 말하기도 하죠. 여러 사람이 함께 살아가는 사회에서 질서와 규율은 필요한 것이겠지요.

　그런데 이런 의심을 해 본 적은 없나요? '질서와 규율은 누구를 위한 것일까?'라고 말이죠. 프랑스 철학자 푸코가 바로 그러한 의심을 한 사람입니다. 우리의 신체는 그 사회를 움직이는 권력에 의해 훈련되고 권력의 필요에 의해 만들어진다고 본 것입니다. 푸코가 말하는 권력은 왕이나 독재자와 같은 거대 권력만을 의미하는 것은 아닙니다. 우리 눈에 보이지 않는 작은 권력들도 여기에 포함됩니다. 가령 선생님은 학교라는 권력을 유지하기 위해 학생들을 감시하고 처벌하는 역할을 하고 있다는 것입니다. 푸코는 감옥, 병원, 학교가 대표적인 감시와 처벌의 공간이라고 보았습니다. 생각해 보세요. 감옥, 병원, 학교는 그 구조와 운영 방식이 매우 비슷하지 않나요?

신체는 생산하는 동시에
복종함으로써 지배 권력에게
종속된다.

미셸 푸코 (1926~1984) | 프랑스의 철학자. 정신 의학을 연구했으며 서양 문명의 핵심인 합리적 이성을 비판하고 비이성적 사고인 광기의 진정한 의미와 역사적 관계를 파헤쳤다. 중세와 근대 문명으로 이어지는 감시와 처벌의 역사를 파헤쳐 현대 문명의 본질을 밝혀 내는 역할을 하였다. 『광기의 역사』, 『말과 사물』, 『지식의 고고학』 등의 저서가 있다.

081

복제 기술의 등장은
예술의 고유한 아우라를 붕괴시켰다

『기술 복제 시대의 예술 작품』 발터 벤야민

프랑스의 루브르 박물관에서 관람객들이 가장 많이 찾는 작품으로는 단연 다빈치의 '모나리자'를 꼽을 수 있습니다. 모나리자를 보기 위해 사람들은 몇 시간을 기다리는 불편도 감수할 정도입니다. 그런데 정작 모나리자를 감상하는 시간은 고작 10분 정도에 불과합니다. 게다가 도난과 훼손 방지를 위해 작품 가까이에는 접근할 수도 없습니다. 모나리자를 모르는 사람은 없을 것입니다. 그런데 왜 불편을 감수하면서까지 줄을 서는 것일까요? 당연히 원본 작품을 직접 보기 위해서겠지요. 그렇다면 원본에서만 느낄 수 있는 뭔가가 있다는 말이 됩니다.

발터 벤야민은 원본 작품에서만 느낄 수 있는 그 무언가를 "아우라(Aura)'라고 했습니다. 아우라는 원래 그리스 어로 후광, 광채라는 의미의 말인데, 예술에서는 원본에서만 느껴지는 고유한 기운을 뜻합니다. 벤야민은 복제 기술의 등장이 아우라를 붕괴 또는 상실시켰다고 말합니다. 이는 원본과 복제본 사이의 구분이 사라진 것을 의미합니다. 사진과 영화로 시작된 아우라의 붕괴는 오늘날에는 거의 모든 예술로 확대되고 있습니다. MP3 파일이 등장하면서 콘서트에 가지 않아도 선명한 음악을 들을 수 있게 되었고, 공연 예술 또한 영상에 의해 대체되고 있습니다.

복제 기술은 예술의 대량 생산을 가능하게 했습니다. 상류 계층만이 독점하던 예술을 누구나 쉽게 감상할 수 있게 된 것입니다. 그러나 한편으로는 예술이 정치적 또는 상업적 목적으로 악용되는 문제를 낳기도 했습니다. 독재자들은 예술을 정치 선전의 도구로 이용하고 기업들은 돈벌이를 위한 상품으로 둔갑시켰습니다. 오늘날에는 상업적 가치가 없는 예술은 사라질 위기에 처해 있습니다. 이것이 아우라의 붕괴가 가져온 양면성입니다.

복제	기술의	등장은	예술

의 고유한 아우라를 붕괴시켰다.

발터 벤야민 (1892~1940) | 독일 출신의 유대계 언어 철학자이자 비판적 지식인이다. 한때 20세기 독일어권 최고의 비평가로 평가되었으며 그의 학설은 지금도 수많은 학자들에 의해 인용되고 있다. 나치를 피해 미국으로 망명하기로 결심하고 프랑스를 탈출하던 중 스페인 국경 통과가 좌절되자 자살로 생을 마감했다. 저서로『역사 철학의 테제』,『괴테의 친화력』,『아케이드 프로젝트』등이 있다.

082

현대인의 비극은
외부의 소음으로 자기 내심의 소리를
듣지 못한다는 것이다

『무소유』 법정

스마트폰 알림이 소리에 잠을 깨고 하루를 시작합니다. 아침 식사를 하면서도 친구와 카톡 메시지를 주고받느라고 밥이 입으로 들어가는지 코로 들어가는지 모릅니다. 버스와 지하철 안에서도 스마트폰에서 눈을 떼기 어렵습니다. 가끔 고개를 들면 눈에 들어오는 것은 온통 광고, 컴퓨터를 켜고 이메일에 접속하면 기다리는 소식은 보이지 않고 스팸 메일만 넘쳐 납니다.

나이와 직업에 관계없이 현대인들은 온갖 정보의 홍수 속에서 살아갑니다. 문제는 그 정보가 우리의 삶에 도움이 되기는커녕 우리를 혼란의 도가니에 빠뜨리는 주범이 되고 있다는 것입니다. 수많은 정보들은 지금도 눈과 귀를 자극하고 있습니다. 대부분 우리의 욕망을 자극하는 것들입니다. 그 때문에 진정으로 우리에게 필요한 것이 무엇인지 생각할 겨를도 없이 늘 부족함을 느낍니다. 무언가 소유하면 부족함이 채워질 것 같지만 소유하면 할수록 결핍감과 욕망은 커지기만 합니다. 외부의 소리가 크면 클수록 나 자신의 소리는 들을 수 없게 됩니다. 내 주변의 빛이 밝으면 밝을수록 나의 모습은 희미해지게 됩니다. 다른 사람들이 만들어 놓은 욕망이 크고 화려할수록 진정으로 내가 원하는 것은 보이지 않습니다. 결국 욕망으로 가득 찬 정보의 바다에서 현대인들은 자신의 길을 잃고 방황하게 될 뿐이죠.

 가끔은 TV를 끄고, 컴퓨터의 전원을 내리고, 휴대 전화의 배터리를 분리하고 조용히 눈을 감아 보세요. 그리고 자신의 이름을 조용히 불러 보세요. 그러면 한동안 들을 수 없었던 익숙한 자신의 목소리가 들릴 것입니다. 자신의 심장이 뛰는 소리를 느낄 수 있을 것입니다. 그리고 가슴속 깊이 감추어져 있던 진정한 자신의 모습과 대면할 수 있을 것입니다.

> 현대인의 비극은 외부의
> 소음으로 자기 내심의 소리
> 를 듣지 못한다는 것이다.

법정 (1932~2010) | 한국의 승려이자 수필 작가. 시민 운동 단체인 '맑고 향기롭게'를 만들어 이끄는 한편, 1996년에는 서울 성북동의 고급 요정 대원각을 시주받아 길상사로 고치고 주지로 있었다. 2003년 12월 길상사를 떠나 강원도 산골에서 직접 땔감을 구하고, 밭을 일구면서 무소유의 삶을 살았다. 수필집으로 『무소유』, 『오두막 편지』, 『새들이 떠나간 숲은 적막하다』, 『버리고 떠나기』 등이 있다.

083

설탕물을 마시고 싶으면
설탕이 녹기를 기다려야 한다

『창조적 진화』 앙리 베르그손

창조론과 진화론은 화해가 불가능한 것일까? 이 세계가 신에 의해 창조되었다는 기독교의 가치관에서 진화론은 도저히 받아들일 수 없는 주장이었습니다. 반면 객관적인 증명을 중시하는 과학적 시각에서 볼 때, 신이 세계와 인간을 창조하였다는 주장은 허무맹랑한 이야기에 불과했습니다.

생의 철학자인 베르그손은 창조론과 진화론 모두를 비판하면서 '창조적 진화'라는 철학적 주장을 하였습니다. 창조론은 신이 어떠한 목적을 가지고 세계와 인간을 만들었기 때문에 이 세계는 컴퓨터 게임처럼 신이 미리 만들어 놓은 프로그램에 의해 작동되는 것에 불과하다고 봅니다. 즉 인간의 의지와 생명의 역동성은 아무런 의미가 없게 되는 셈입니다. 한편 진화론에 따르면 모든 생명은 그저 주어진 외부의 조건에 수동적으로 적응하는 데 지나지 않습니다. 베르그손은 진화론과 창조론은 인간 또는 생명이 가진 약동하는 창의성과 생명력을 무의미하게 본다는 점에서 동일한 오류를 범하고 있다고 생각했습니다.

그는 세계가 신이 만든 프로그램대로 이루어지는 것도 아니며, 환경에 따라 수동적으로 적응하여 만들어진 것도 아니라고 보았습니다. 모든 생명들이 약동하는 생의 욕망을 통해 환경을 헤쳐 나가면서 오랜 시간 동안 끊임없이 창조적 적응을 하는 과정이 바로 이 세계라는 것입니다.

'설탕물을 마시고 싶으면 설탕이 녹기를 기다려야' 하는 것처럼 지금 눈앞에 보이는 결과만으로 세계를 규정하지 말아야 합니다. 시간의 흐름 속에서 생명들이 펼쳐 나가는 생의 약동을 통해 세계는 창조적 진화의 과정을 지나고 있는 것입니다.

설	탕	물	을		마	시	고		싶	으	면
설	탕	이		녹	기	를		기	다	려	야		한
다	.										

앙리 베르그손 (1859~1941) | 프랑스의 철학자. 프랑스 유심론을 이어받으면서도 다윈, 스펜서 등의 진화론의 영향을 받아 생명의 창조적 진화를 주장하였다. 창조적 진화는 철학·문학·예술 영역에 큰 영향을 주었다. 『물질과 기억』, 『도덕과 종교의 두 원천』 등의 저서가 있으며 1927년 노벨 문학상을 받았다.

084

상류층의 소비는 사회적 지위를
과시하기 위하여 행해진다

『유한계급론』 소스타인 베블런

핸드백 하나에 삼천만 원, 세계적인 최고급 브랜드 시계가 5억 원. 흔히 명품으로 알려진 제품들의 가격은 보통 사람들의 입을 떡 벌어지게 만들 정도로 엄청난 고가입니다. 그런데도 고급 백화점의 명품 매장에는 상품을 구매하려는 사람들이 끊이지 않는다고 합니다. 어떤 상품은 가격이 낮으면 안 팔리다가 가격을 높게 붙여 놓으면 더 많이 팔리는 이상한 현상이 나타나기도 합니다.

학교에서 배운 경제의 기본 원칙인 수요와 공급의 법칙이 이 명품의 경우에는 반대로 적용되는 셈입니다. 천만 원짜리 핸드백은 보통 핸드백에 비해 뭐가 다를까요? 아무래도 세계적인 디자이너와 장인의 노력으로 만든 제품이다 보니 더 튼튼하고, 더 예쁘고, 물건을 넣고 다니기에 편리하겠지요. 하지만 그러한 차이가 수십, 수백 배의 가격 차이가 날 만큼 중요한 차이일까요? 5억 원짜리 시계는 보통 시계보다 시간이 더 정확할까요?

비싼 돈을 지불하고 명품을 구매하는 사람들은 그 제품 자체가 필요해서가 아니라 자신이 그 정도의 비싼 제품을 살 수 있는 능력이 있다는 것을 과시하고 싶은 욕망 때문에 명품을 소비합니다. 이를 '과시 소비' 또는 '베블런 효과'라고 합니다. 미국의 비주류 경제학자인 베블런은 상류 계급들의 소비 행태를 분석하면서 '과시 소비'의 개념을 제시하였습니다. 베블런의 연구는 '보이지 않는 손'으로 대표되는 기존의 고전 경제학을 근본적으로 뒤흔들었고 상류층들의 소비 행위에 일침을 가하는 역할을 하였습니다.

상	류	층	의		소	비	는		사	회	적	
지	위	를		과	시	하	기		위	하	여	행
해	진	다	.									

소스타인 베블런 (1857~1929) | 미국의 사회학자이자 경제학자. 노르웨이에서 이주한 농민의 아들로 명문 예일 대학교 출신이었지만 이민 2세라는 이유로 차별을 경험하였다. 그 때문인지 비판적인 시각으로 주류 경제학의 모순을 밝히고 사회 계급 간의 문제를 탐구하였다. 그의 저서 『유한계급론』은 지금도 주류 경제학을 비판하고 자본주의 체제의 문제점을 연구하는 데 중요한 역할을 하고 있다.

최대 다수의 최대 행복

『도덕과 입법의 원리 서설』 제레미 벤담

   댐 건설을 두고 찬성과 반대 여론이 팽팽하게 맞서 있습니다. 찬성 측은 물 부족 해소를, 반대 측은 환경 파괴를 근거로 제시하며 자신들의 주장을 굽히지 않고 있습니다. 만일 여러분이 결정권자라면 무엇을 근거로 댐 건설 여부를 결정할까요?

   우선 댐 건설을 하였을 때 얻을 수 있는 이익과 투여될 비용을 계산하는 것입니다. 그리고 그것을 댐 건설을 했을 때와 하지 않았을 때 어느 쪽이 사회 전체에 이익을 더 많이 가져다 주는지 비교하여 이익이 큰 쪽으로 의사 결정을 하면 됩니다. 이러한 방식을 '비용 편익 분석'이라고 하는데 그 바탕에는 '공리주의'라는 원리가 담겨 있습니다. 공리주의는 '최대 다수의 최대 행복'이라는 벤담의 말로 표현할 수 있습니다. 벤담에 의하면 사회 전체 구성원들이 얻게 되는 행복의 총량을 계산하여 어떠한 정책을 결정할 때 사회 전체의 행복 총량을 늘리는 쪽으로 판단해야 하며, 법과 제도 역시 그러한 원칙에 의해 만들어져야 한다고 보았습니다.

   공리주의는 경제 성장 등 사회가 물질적으로 발전하는 데 중요한 사상적 배경이 되었고 자본주의와 결합되어 오늘날 사회를 이끌어 가는 원동력이 되었습니다. 그러나 인간의 행복에는 숫자로 계산될 수 없는 것들도 있습니다. 댐을 건설함으로써 강 주변에 서식하던 수많은 생명이 사라지지만 이는 돈으로 계산할 수 없는 가치이므로 '비용 편익 분석'에는 포함되지 않습니다. 또한 전체의 행복을 늘리는 과정에서 소수 약자들의 행복이 무시되는 경우도 발생할 수 있다는 점에서 문제점을 내포하고 있습니다.

최	대		다	수	의		최	대		행	복	.

제레미 벤담 (1748~1832) | 영국의 철학자이자 법학자, 경제학자. 제자인 밀과 함께 공리주의의 대가로 불리며, '최대 다수의 최대 행복'을 도덕의 기준으로 삼는 양적 공리주의를 표방하였다. 그는 법과 도덕이 인간의 쾌락을 늘리고 고통을 감소시키는 데 기여해야 한다고 주장하였다. 『정부소론』, 『도덕과 입법의 원리 서설』 등의 저서가 있다.

086

생각은 그만두고 일합시다, 그것만이 삶을 견디는 유일한 방법입니다

『캉디드』 볼테르

    어른들은 세상을 긍정적으로 바라보라고 말합니다. 또는 긍정적 생각이 긍정적인 결과를 가져온다고 말합니다. 그러나 우리가 직접 부딪히고 체험하는 현실은 결코 긍정적이지 못합니다. 시험과 성적에 시달려야 하는 학교 생활, 상사의 눈치를 보며 버텨 내야 하는 직장 생활, 그 틈바구니에서 애써 긍정적인 생각을 가지려고 해도 삶은 고달프기만 합니다.

    철학자 볼테르가 쓴 소설 『캉디드』는 '순진하다'는 뜻을 가진 주인공의 이름입니다. 캉디드는 자신의 이름처럼 순진한 인물입니다. 그는 스승으로부터 "세상은 최선으로 되어 있다."는 가르침을 받습니다. 즉 세상은 결국 선이 악을 누르고 승리한다는 것입니다. 주인공 캉디드는 비록 지금의 현실은 괴롭고 암울해도 미래에는 분명 즐겁고 희망이 넘치는 세상이 다가올 것이라는 낙천적 믿음을 가지고 삶의 여정을 시작합니다. 그러나 현실을 경험하면 할수록 세상은 최선이 아니라 추악하고 비열한 것들로 가득 차 있다는 것을 알게 됩니다. 그래도 캉디드는 사랑하는 연인을 만나 유토피아에서 살기를 꿈꾸지요. 하지만 그를 기다리는 것은 추악하게 변해 버린 여인. 캉디드는 마지막으로 작은 농장을 일구면서 이렇게 말합니다.

"생각은 그만두고 일합시다. 그것만이 삶을 견디는 유일한 방법입니다."

무슨 의미일까요? 볼테르는 설명하지 않습니다. 아마도 맹목적인 긍정보다 현실에 대한 냉철한 인식과 실천이 더 중요하다는 것을 말하고 싶었던 것은 아닐까요?

생	각	은		그	만	두	고		일	합	시	다	,
그	것	만	이		삶	을		견	디	는		유	일
한		방	법	입	니	다	.						

볼테르 (1694~1778) | 18세기 프랑스의 작가이자 철학자. 1717년에 오를레앙 공(公)의 섭정을 비방하는 시를 썼다가 투옥되었고, 그 후 귀족과의 싸움으로 다시 투옥되었으며, 왕정 치하의 불평등에 환멸을 느끼고 영국으로 건너가 끊임없이 프랑스를 비판하는 활동을 하였다. 『철학 사전』, 『관용론』, 『자디그』 등의 저서를 남겼다.

087

나도 모르지,
하지만 고도를 기다려야 해

『고도를 기다리며』 사무엘 베게트

필자가 처음으로 연극을 본 것은 고등학교 시절이었습니다. 연극이 상연되는 약 2시간 동안의 기억은 고통 그 자체였습니다. 그 연극의 이름은 '고도를 기다리며'였습니다. 만일 그때 좀 더 재미있고 신나는 장면이 무대를 채우는 연극을 보았다면 필자는 지금쯤 주말마다 대학로 소극장을 찾아다니는 연극 마니아가 되었을지도 모릅니다. 하지만 불행히도 '고도를 기다리며'라는 연극은 화려함이나 자극적인 내용과는 거리가 멀었습니다.

연극에는 두 주인공이 나옵니다. 누군가를 하염없이 기다리는 두 남자. 그들이 애타게 기다리는 것은 바로 '고도'입니다. 고도가 누구냐고요? 모릅니다. 저만 모르는 게 아니라 주인공들도 모릅니다. 심지어는 '고도'가 사람인지 아닌지도 알 수 없습니다. 관객들은 고도가 도대체 누구인지 궁금해 하면서 무대 위 주인공들의 지루한 대화를 견뎌 내야 합니다. 두 주인공은 끊임없이 '고도를 기다려야지'를 반복합니다.

하지만 연극이 막을 내릴 때까지 고도는 나타나지 않습니다. 관객들은 뭔가 속은 기분으로 객석을 빠져나갑니다. 일부는 졸다가 동료의 손에 이끌려 얼떨결에 극장 밖으로 나가기도 하고 또 저와 같은 관객은 "뭔 이따위 연극이 있어!"라고 불평을 토해 내기도 합니다.

　고도는 오지 않습니다. 앞으로도 영원히 오지 않을 것입니다. 하지만 지금도 그리고 앞으로도 누군가는 고도를 기다리고 있을 것입니다. 고도가 무엇인지는 아무도 모르지만 무엇인지도 모르는 고도를 끊임없이 기다리며 살아가는 것, 그 것이 우리 인간들의 삶이 아닐까요.

나	도		모	르	지,	하	지	만		고	도
를		기	다	려	야		해.				

사무엘 베게트 (1906~1989) ㅣ 아일랜드 출신으로 프랑스의 소설가이며 극작가. 1969년 희곡 『고도를 기다리며』로 노벨 문학상을 받았다. 그는 자신의 작품을 통하여 부조리한 세계와 삶의 의미 없이 죽음을 기다리는 절망적인 인간의 조건을 묘사하였다. 대표작으로 『말론은 죽다』, 『오, 아름다운 나날』 등이 있다.

088

마음으로 봐야 잘 보인다는 거야,
정말 중요한 것은 눈에 보이지 않아

『어린 왕자』 생떽쥐페리

어린 왕자 이야기를 모르는 사람은 거의 없을 것입니다. 아마도 유치원 또는 초등학교 시절에 읽었겠지요. 저자인 생떽쥐페리는 이 작품을 어른들을 위한 동화로 썼다고 합니다. 그러나 정작 어른들은 『어린 왕자』를 읽지 않습니다. 청소년들도 『어린 왕자』를 읽어 보라고 하면 어린아이 취급한다면서 얼굴을 찌푸리곤 하죠. 이 글을 쓰고 있는 필자도 초등학교 졸업 후 아주 오랜 시간이 지나서 다시 『어린 왕자』를 읽었습니다.

B-612라는 별에서 장미꽃과 살고 있던 어린 왕자는 여러 별을 여행하며 많은 존재들을 만나게 됩니다. 명령을 하기 좋아하는 왕, 박수 받기를 좋아하는 허영쟁이, 부끄러움을 잊기 위해 술을 마시는 주정뱅이, 가로등을 켜고 끄느라 잠을 자지 못하는 사람 등. 초등학교 시절에는 엉뚱한 사람들의 우스꽝스러운 이야기라는 생각으로 책을 읽었습니다. 그런데 성인이 되어 다시 읽어 보니 각각의 등장인물들은 모두 현실의 어른들을 상징하고 있다는 느낌이 들었습니다. 왕자가 지구에 도착하여 만난 여우는 이렇게 말합니다.

"마음으로 봐야 잘 보인다는 거야. 정말 중요한 것은 눈에 보이지 않아."

이 말은 『어린 왕자』의 전체 주제를 압축하여 보여 줍니다. 현대를 살아가는 우리들은 사람을 평가할 때도 겉으로 보이는 외모나 성적, 등수처럼 숫자로 비교할 수 있는 것을 기준으로 삼습니다. 그러나 외모나 성적으로 사람의 가치를 모두 알 수 있을까요?

모두가 겉모습이 아닌 마음으로 상대를 이해하는 세상이 있다면 그곳은 곧 천국일 것입니다. 만일 어른들이 『어린 왕자』를 다시 읽기 시작한다면 각박한 지금의 세상이 조금은 더 살기 좋은 곳이 되겠지요. 우리 청소년들이 먼저 실천하면 어떨까요. 자! 『어린 왕자』의 책장을 넘겨 보세요.

> 마음으로 봐야 잘 보인다는 거야, 정말 중요한 것은 눈에 보이지 않아.

생떽쥐페리 (1900~1944) | 프랑스 출신의 비행사이자 작가. 진정한 삶의 의미를 사람들 사이의 정신적 공감과 유대에서 찾으려고 끊임없이 노력하였다. 비행기 조종사이기도 했던 그는 제2차 세계 대전에 참전하여 정찰 비행 중 행방불명이 되었다. 작품으로 『남방 우편기』, 『야간 비행』, 『인간의 대지』, 『전투 조종사』 등이 있다.

089

우리는 이 땅의 한 부분이며
땅 또한 우리의 일부입니다

『시애틀 인디언 추장의 편지』 시애틀

미국 대륙은 아주 오래전부터 인디언들이 평화롭게 살고 있던 땅이었죠. 그런데 백인들이 넓은 땅을 차지하면서 인디언들은 삶의 터전을 잃고 쫓겨날 수밖에 없었습니다. 인디언들에게는 힘이 없었습니다. 무기라고는 활과 창이 전부였던 그들은 총과 대포로 무장한 백인들을 당해 낼 수 없었습니다. 대부분의 인디언들이 쫓겨나고 지금의 시애틀 인근에 두와미시 족과 수쿠아미시 족이 남아 있을 때였습니다.

1854년 당시 미국의 대통령 프랭클린 피어스는 이들에게 땅을 팔고 떠나라고 제안했습니다. 비록 평화로운 제안이긴 했지만 인디언들에게 그것은 결코 거절할 수 없는 협박이기도 했습니다. 백인들의 제안을 거절한다는 것은 죽음을 의미하는 것과 같았으니까요.

두와미시 족과 수쿠아미시 족의 추장 시애틀은 결국 땅을 팔기로 결정한 후 미국 대통령에게 아래와 같은 내용의 편지를 띄웁니다.

워싱턴에 있는 대통령이 우리 땅을 사고 싶다는 말을 전해 왔습니다.

하지만 어떻게 땅과 하늘을 사고팔 수 있겠습니까? 우리는 이해할 수 없습니

다. 신선한 공기와 물방울이 우리 것이 아닌데 어떻게 그것을 사 가겠다는 건가
요? (중략)

우리는 이 땅의 한 부분이며 땅 또한 우리의 일부입니다. (이하 생략)

인디언 추장의 이름을 따서 건설한 도시 시애틀. 그곳은 지금 시애틀 추장의
바람과는 달리 거대한 공업 도시로 변해 있습니다.

우	리	는		이		땅	의		한		부	분
이	며		땅		또	한		우	리	의		일	부
입	니	다	.									

시애틀 (1786(?)~1866) | 북아메리카 서북부에 거주하던 두와미시 족과 수쿠아미시 족의 인디언 추장.
젊은 시절 용감한 전사로 이름을 날렸으며, 자연과 자유로운 삶을 사랑했던 사람으로 알려져 있다. 시애
틀 추장의 편지는 친구였던 헨리 스미스 박사가 1887년 신문에 발표하면서 세상에 알려지게 되었다.

090

인간의 이성은 세계를 계몽하였지만
더 큰 재앙을 몰고 왔다

『계몽의 변증법』 아도르노

　인간이 만물의 영장이 될 수 있었던 것은 이성이라는 능력 때문입니다. 이성은 인간만이 가지고 있는 능력으로 문명을 건설하고 과학 기술을 발전시켜 풍요로운 세상을 만드는 원동력이 되었습니다. 근대 철학의 아버지로 불리는 데카르트는 "나는 생각한다. 그러므로 존재한다."라는 명제를 통해 인간 이성의 위대함을 이야기한 바 있습니다. 그는 인간이 이성을 활용하면 세상의 모든 진리를 알 수 있게 될 것이라고 호언장담하였죠.

　그러나 이성은 이 세상을 유토피아로 만들지 못했습니다. 인간은 이성을 이용하여 과학 문명의 눈부신 발전을 이룩했지만 반대로 생명을 파괴하고 서로를 죽이는 무기도 발명하였습니다. 근대 문명이 맹목적인 이성 만능주의의 시대로 비판받는 것은 바로 이 때문입니다. 인류는 두 번의 세계 대전에서 수많은 사람들이 죽어 나가는 모습을 목격한 후에야 이성 만능주의의 폐해에 대해 생각하기 시작했습니다. 그동안 맹목적으로 신뢰했던 이성에 대해 의심의 눈길을 보내기 시작한 것입니다. 그때까지 계몽이란 합리주의를 바탕으로 문명의 진보를 이루는 일이라고 정의되었습니다. 그러나 계몽의 결과가 진정한 진보라고 할 수 있을까? 인간이 광기에 사로잡혀 같은 인간을 대량 살상하는 현실은 진보가 아닌

야만이 아닐까? 이러한 질문을 던진 대표적인 사상가가 아도르노입니다.

그는 "계몽에는 자기 붕괴의 모순이 포함되어 있다."라고 주장하였습니다. 그의 비판은 오늘날에도 여전히 유효합니다. 우리가 살아가고 있는 세상에는 여전히 이윤과 효율성이란 이름으로 생명의 가치가 무시되고 있기 때문입니다.

인	간	의		이	성	은		세	계를	계
몽	하	였	지	만		더		큰	재	앙을
몰	고		왔	다	.					

아도르노 (1903~1969) | 독일 출신의 철학자. 프랑크푸르트 대학의 교수로 재직하던 중 나치에 의해 추방되었다. 그 뒤 1934년 미국으로 망명하여 파시즘 연구를 진행하였다. 동료인 호르크하이머와 함께 『계몽의 변증법』을 발표하면서 프랑크푸르트학파의 대표적인 학자로 인정받기 시작했다.

091

우리의 식사는
빵집 주인의 자비심 덕분이 아니라
그의 이기심 덕분에 가능하다

『국부론』 애덤 스미스

애덤 스미스 하면 '보이지 않는 손'이라는 말이 자동적으로 따라올 만큼 우리에게는 익숙한 이름입니다. 그는 자유방임주의와 자유시장경제를 주장한 인물로 지금도 수많은 경제학 서적에 이름을 올리고 있습니다. 오늘날 신자유주의와 세계화를 옹호하는 사람들은 너나 할 것 없이 애덤 스미스의 이론을 근거로 제시하고 있습니다. 하지만 애덤 스미스가 21세기에 부활한다면 과연 신자유주의자들의 편에 서서 세계화를 외칠까요? 아마도 그럴 가능성은 거의 없을 것이라 생각합니다. 오히려 시장의 자율성을 운운하면서 거대 자본이나 다국적 기업을 옹호하는 경제학자들에 대해서는 칭찬보다는 호된 꾸지람을 내릴 가능성이 큽니다.

물론 애덤 스미스가 시장의 자율성을 주장하면서 정부의 시장 개입을 반대한 것은 사실입니다. 하지만 그가 활동하던 당시는 절대 왕권의 시대로서 권력을 쥔 왕이 일부 상인들에게 무역 독점권을 주고 엄청난 이익을 나누어 가지던 시대였습니다. 그 바람에 일반 상공업자들은 자신들이 생산한 물건을 자유롭게 내다 팔 수 없었고 서민들은 터무니없이 비싼 값을 치르고 물품을 구입하여야 했습니다. 그 때문에 애덤 스미스는 상공업자와 소비자가 상호 대등한 관계에서 자유로운 거래를 할 수 있도록 국가가 시장에 간섭하는 것을 반대한 것입니다.

그는 개인이 자신의 이익을 추구하는 이기심이야말로 시장을 활성화한다고 보았습니다. 그러나 다른 한편 독점적인 이익과 경제적 집중에 대해서는 분명히 반대했습니다. 그러므로 재벌과 다국적 기업을 편들며 시장의 자율성을 주장하는 사람들은 애덤 스미스의 한쪽 면만을 과도하게 부풀리고 있는 셈입니다.

우	리	의		식	사	는		빵	집		주	인
의		자	비	심		덕	분	이		아	니	라
그	의		이	기	심		덕	분	에		가	능	하
다	.											

애덤 스미스 (1723~1790) | 영국의 정치 경제학자이자 도덕 철학자. 그의 저서 『국부론』은 그를 고전 경제학의 창시자로 만들었다. 그는 인간의 이기심을 경제 행위의 동기로 보고, 수요와 공급은 '보이지 않는 손(invisible hand)'에 의해 가장 효율적으로 분배된다는 주장을 폈다. 저서로는 『도덕감정론』, 『국부론』이 있다.

092

법의 목적은 평화이며
그것을 위한 수단은 투쟁이다

『권리를 위한 투쟁』 예링

"대한민국은 민주 공화국이다. 대한민국의 주권은 국민에게 있고, 모든 권력은 국민으로부터 나온다."

대한민국 헌법 1조입니다. 헌법 1조에는 대한민국이 어떠한 국가이며 헌법이 어떤 목적을 가지고 있는지를 밝히고 있습니다. 즉 대한민국 헌법의 목적은 국가의 주인인 국민의 권리를 보장하는 데 있는 것입니다.

우리는 헌법의 내용을 당연한 것으로 생각합니다. 그러나 법으로 국민이 국가의 주인이라고 규정한 것은 그리 오래된 일이 아닙니다. 서양에서도 프랑스 혁명 이후에야 비로소 시민의 권리를 인정하기 시작했습니다. 프랑스 혁명은 우리에게도 잘 알려진 소설 『레미제라블』의 배경이 되기도 했습니다. 단지 빵 한 조각을 훔쳤다는 이유로 19년 동안이나 감옥에 갇혀야 했던 장발장의 사례는 당시 유럽 사회가 시민들에게 얼마나 억압적이었는지를 잘 보여 줍니다. 프랑스 혁명은 부당한 권력에 맞서 시민들이 자발적으로 투쟁했던 역사입니다. 그 결과 부분적으로나마 시민의 권리를 인정받을 수 있었습니다.

우리나라의 경우도 다르지 않습니다. 4·19 혁명, 5·18 광주민주화운동, 6월 항쟁 등 부당한 권력에 맞서 투쟁한 시민들이 있었기에 지금의 헌법을 지킬 수 있게 된 것입니다. 법은 불의로부터 우리를 지켜 줍니다. 그러나 그 법을 올바르게 지키기 위해서는 부당한 세력에 당당히 저항하고 투쟁하는 시민 의식이 있어야만 합니다.

법	의		목	적	은		평	화	이	며		그
것	을		위	한		수	단	은		투	쟁	이	다.

예링 (1818~1892) | 독일의 법학자로 『권리를 위한 투쟁』의 저자로 알려져 있다. 그는 근대 사회학적인 법학의 기초를 쌓은 역사학파의 학자로서 오늘날의 법 체계를 수립하는 데 커다란 업적을 남겼다.

093

빈곤은 계급적이지만
방사능과 황사는 민주적이다

『위험 사회』 울리히 벡

신종 감염병인 '메르스'가 유행했을 당시 우리는 국가적인 비상사태를 겪어야
했습니다. 당시 정부의 발표에 따르면 감염자의 분포도 매우 다양하였습니다.
메르스는 직업, 경제력, 주거 지역을 가리지 않고 퍼져 나갔습니다. 즉 감염의
위험성은 계층과 지위고하를 가리지 않았던 것입니다. 감염의 위험은 모든 사람
에게 평등했던 것입니다.

불과 몇 십 년 전까지만 해도 위험 상황은 특정 지역이나 특정 계층에 국한되
어 나타나는 것이 보통이었습니다. 장티푸스나 콜레라 같은 감염병은 위생 상태
가 열악한 빈민가에서 나타나는 것이 일반적이었죠. 홍수나 산사태와 같은 자연
재해에 의한 위험도 주로 농촌이나 산간 지대같이 사회적으로 낮은 계층 사람들
이 사는 지역에 집중되었습니다. 그렇다 보니 사회적으로 높은 신분이나 부자들
에게는 위험이 남의 일로 여겨졌던 것이 사실입니다.

그러나 과학 기술 문명이 발전하면서 새롭게 등장한 위험은 신분을 가리지 않
습니다. 대기 오염이나 방사능 피해, 황사와 생태계 파괴로 인한 위험은 지역이
나 신분을 가리지 않습니다. 그러한 의미에서 오늘날의 위험은 모든 사람들에게
평등하게 적용된다고 할 수 있습니다. 울리히 벡은 이것을 '위험의 평등성'이라

고 표현하였습니다. 위험이 모든 사람에게 평등하게 적용된다는 것은 그 위험을 극복하기 위해 모두가 힘을 모아 협력하여야 한다는 것을 의미합니다. 오늘날의 위험은 특정 지역, 특정 계층, 특정 국가의 몫이 아니라 모두가 참여하여 극복해야 할 의무인 것입니다. 역설적이지만 위험에 대처하는 과정에서 정치적, 계급적, 종교적 갈등을 넘어 모두가 화합할 수 있는 계기를 마련할 수도 있겠지요.

빈	곤	은		계	급	적	이	지	만		방	사
능	과		황	사	는		민	주	적	이	다	.

울리히 벡 (1944~2015) | 독일의 사회학자. 1986년 소련 체르노빌 원전 사고를 배경 삼아 쓴 『위험 사회』로 세계 사회학계에 화려하게 등장하였다. 그는 이 저서를 통해 서구 중심의 산업화와 근대화가 위험 사회를 낳는다고 경고했다. 그는 2014년에 한국을 방문하여 세월호 참사에 "한국 사회의 가장 큰 위험 요소 중 하나는 신뢰 상실"이라며 국민들로부터 신뢰를 상실한 정부의 잘못을 꼬집기도 했다.

094

거울은 사라지고
쇼윈도만 존재하는 소비 사회

『소비의 사회』 장 보드리야르

　TV를 켜면 아이돌 스타들이 화려한 옷을 입고 멋지게 춤을 춥니다. '저 옷을 입으면 나도 아이돌 스타처럼 멋지게 변신할 수 있겠지? 마음속에서 욕망이 꿈틀거립니다. 어른들도 마찬가지입니다. 명품 핸드백 광고를 보면 갑자기 사고 싶은 욕망이 생기고, 멋진 스포츠카를 운전하는 영화 속 주인공을 보면 '나도 차를 바꿀 때가 됐는데…….'라는 생각이 듭니다.

　그런데 그 욕망은 진짜로 내가 원하는 것이었을까요? 원하는 것을 사서 내 것이 된다면 만족하게 될까요? 혹시 본래 내가 원했던 것이 아니라 누군가 내가 원하게끔 조종한 것은 아닐까요?

　프랑스의 철학자 장 보드리야르는『소비의 사회』라는 책에서 오늘날의 사회를 '거울은 사라지고 쇼윈도만 존재하는 소비 사회'라고 했습니다. 거울을 보면 무엇이 보이나요? 바로 나 자신의 얼굴이 보입니다. 그런데 쇼윈도(상품을 전시하는 공간)에는 나 자신의 모습 대신 상품들이 화려한 모습을 뽐내고 있지요. 쇼윈도의 상품들은 끊임없이 우리들을 유혹합니다. "이것을 사세요. 그러면 당신도 멋지게 변할 수 있습니다."라고 속삭이는 듯합니다. 그 유혹이 너무 강렬하다 보니 처음엔 필요 없었던 물건도 꼭 사야 하는 것처럼 착각하게 됩니다. 즉 나의 욕망이라고 생각하는 것이 따지고 보면 온갖 광고가 만들어 낸 허상일 뿐입니다.

거울이 사라진 사회에서 나 자신을 돌아보고 반성할 기회는 없습니다. 쇼윈도의 유혹을 벗어나려면 어떻게 해야 할까요. 잃어버린 거울을 되찾아야 하겠지요. 거울 속에 비친 나의 모습에서 진짜 욕망을 찾아가야 합니다.

거울은 사라지고 쇼윈도만
존재하는 소비 사회.

장 보드리야르 (1929~2007) | 프랑스의 철학자·사회학자로 대중 문화와 소비 사회 이론을 연구했다. 특히 오늘날의 소비 사회는 물건의 본래 기능보다는 이미지가 더 중요하며 사람들은 그 이미지를 소비한다고 주장하였다. 저서로는 『소비의 사회』, 『시뮬라시옹』 등이 있다.

095

물질과 에너지는 사용 가능한 형태에서 사용 불가능한 방향으로만 변화한다

『엔트로피』 제러미 리프킨

　"모든 에너지는 형태만 변할 뿐 에너지의 총량은 변하지 않는다." 과학 시간에 배운 에너지 보존 법칙(열역학 제1법칙)입니다. 높은 곳에 있는 물이 아래로 떨어지면 위치 에너지가 운동 에너지로 변하고 발전기를 돌리면 전기 에너지로 바뀝니다. 전기를 이용하여 불을 켜면 빛 에너지가 되어 날아갑니다. 형태는 바뀌었지만 우주 전체로 보면 에너지의 총량은 변하지 않은 것이지요.

　그런데 또 하나의 에너지 법칙이 있습니다. 바로 엔트로피 법칙(열역학 제2법칙)입니다. 엔트로피는 무질서의 정도를 뜻하는 말인데 세상의 모든 물질과 에너지의 변화는 엔트로피가 증가(무질서가 증가)하는 방향으로만 변한다는 것입니다. 가령 향수가 들어 있는 병의 뚜껑을 열면 향수 분자가 공기 중으로 날아갑니다. 그 경우에도 향수의 총량은 변하지 않습니다. 다만 병 속에 있을 때 질서 정연하게 있던 향수 분자들이 공기 중에 흩어져 무질서하게 돌아다니게 되지요. 문제는 공기 중에 돌아다니는 향수 분자가 원래대로 다시 병 속으로 들어와 모이지는 않는다는 것입니다. 엔트로피 법칙 때문입니다. 물질과 에너지의 엔트로피가 증가한다는 것은 더 이상 쓸모가 없어진다는 것을 의미합니다. 제러미 리프킨은 『엔트로피』라는 책을 통해 에너지의 고갈을 경고합니다. 인류는 석유와 석탄 등의 화석 연료를 사용하여 문명을 발전시켰습니다. 그러나 엔트로피 법칙에 따라 화석 연료는 쓸모없는 물질로 변할 것이며 언젠가 더 이상 사용할 에너지원을 상실하게 되면 인류는 멸망에 이를 것이라고 경고합니다. 그는 인류가 더 이상의 물질적 발전을 추구하기보다는 엔트로피의 증가를 최소화하기 위해 노력해야 한다고 주장합니다.

물	질	과		에	너	지	는		사	용		가
능	한		형	태	에	서		사	용		불	가	능
한		방	향	으	로	만		변	화	한	다	.	

제러미 리프킨 (1945~) | 미국의 세계적인 경제학자이자 문명 비평가. 현대 문명을 다양한 관점에서 비판하면서 새로운 대안을 제시하고 있는 세계적인 석학이다. 에너지, 환경, 노동, 세계화 등 과학, 정치, 경제적 측면에서 현대 문명을 비판한다. 저서로 『노동의 종말』, 『소유의 종말』, 『유러피언 드림』, 『공감의 시대』 등이 있다.

096

베이징에서 나비가 날갯짓을 하면
한 달 후 뉴욕에 폭풍이 몰아친다

『카오스』 제임스 클릭

한강 둔치에서 기상청 직원들의 체육 대회가 열리는 날이었습니다. 갑자기 비가 쏟아지는 바람에 체육 대회는 취소되고 기상청 직원들은 사람들의 놀림거리가 되었다고 합니다. 기상 관측 분야에서 최고의 첨단 장비와 기술을 갖춘 기관에서조차 며칠 뒤의 날씨를 예측하지 못했다니 웃음거리가 될 만도 했을 것입니다. 만일 과학 기술이 더 발전하여 더 정확한 장비를 갖춘다면 이런 일은 벌어지지 않을까요? 전문가의 말에 의하면 아무리 과학 기술이 발전한다 해도 날씨를 정확히 예측한다는 것은 불가능하다고 합니다.

세상에서 벌어지는 모든 일들은 원인이 있게 마련입니다. 원인을 정확히 알면 그 결과도 예측할 수 있다는 것이 과학자들의 생각이었습니다. 하지만 아무리 정밀한 과학도 현실에서는 수많은 오류를 나타냅니다. 자연 속에는 과학으로는 파악할 수 없는 수많은 변수가 있으며 아주 작은 변수라도 미처 예상하지 못한 엄청난 결과를 초래할 수 있기 때문입니다. 이것을 '카오스 이론'이라고 합니다. 과학으로 설명할 수 없는 무질서하고 예측 불가능한 현상에도 자연의 질서가 존재한다는 것이지요. 일명 '나비 효과'는 카오스 이론을 설명하는 사례입니다. 나비의 날갯짓은 과학적으로는 무시할 수 있는 사소하고 우연적인 현상이지만 그

것이 엄청난 결과를 몰고 올 수도 있다는 것이죠.

　카오스 이론은 기존의 과학 만능주의에 대한 경고이기도 합니다. 아무리 과학이 발전한다 해도 예측할 수 없는 결과가 나타날 수 있습니다. 그러므로 섣부른 예측과 판단에 앞서 다양한 결과를 예상하고 모든 위험의 가능성에 대비해야 할 것입니다.

베	이	징	에	서		나	비가
을		하	면		한		달
폭	풍	이		몰	아	친	다.

(베이징에서 나비가 날갯짓을 하면 한 달 후 뉴욕에 폭풍이 몰아친다.)

제임스 클릭 (1954~) | 하버드 대학교에서 문학과 언어학을 전공하고, 뉴욕 타임스 기자, 편집자로 일했다. 『카오스』는 '나비 효과'라는 개념을 유명하게 만들었으며 '프랙탈', '로렌츠 끌개' 등 카오스 이론을 대중들에게 널리 알리는 데 기여하였다.

097

부자들의 소득이 전체 GDP 증가보다 훨씬 빠르게 증가하므로 빈부 격차는 더욱 심해지고 있다

『21세기 자본』 토마 피케티

우리 주변에는 돈이 없어 밥을 굶는 어린이들이 있습니다. 빚에 시달리다 자살로 생을 마감하는 사람들의 사연도 우리를 우울하게 합니다. 아프리카에서는 하루에도 수천 명의 어린이들이 영양실조로 죽어 가고 있습니다. 그런데 다른 한편에서는 몇 천만 원짜리 핸드백이 팔리고 수십억 원이 넘는 액세서리를 사기 위해 경매장에 사람들이 모여듭니다.

우리나라 경제는 세계 10위권에 이를 정도로 크게 성장하였습니다. 세계 경제도 지난 몇 십 년 동안 엄청난 발전이 있었습니다. 그런데 왜 이런 현상이 계속되고 있는 것일까요. 피케티 교수의 책 『21세기 자본』에 그 이유가 밝혀져 있습니다. 세계 각국의 경제는 크게 성장하였지만 일부 부자들이 늘어난 소득을 독차지하고 있으며 가난한 사람들에게는 몫이 돌아가지 않고 있기 때문입니다. 우리나라의 경우도 다르지 않습니다. 상위 5%의 부자들이 우리나라 전체 부동산의 약 70%를 차지하고 있다 보니 서민들은 집을 마련하기가 더욱 어렵습니다.

피케티 교수는 세계 각국의 통계 자료를 통해 이러한 빈부 격차의 문제를 사실적으로 보여 줍니다. 모든 나라에서 자본 소득이 노동 소득보다 항상 높게 나타나는 현상이 벌어집니다. 즉 자본주의가 발달할수록 돈이 부자들에게 집중되고 서민들은 열심히 일해도 소득이 오르지 않는 현상이 벌어지고 있는 것입니다. 『21세기 자본』은 지금의 자본주의가 뭔가 문제가 있다는 점을 통계를 통해 명확히 보여 주고 있습니다.

> 부자들의 소득이 전체 GDP 증가보다 훨씬 빠르게 증가하므로 빈부. 격차는 더욱 심해지고 있다.

토마 피케티 (1971~) | 프랑스의 경제학자. 1971년 프랑스 파리 인근의 클리시에서 태어나, 프랑스 고등사범학교에서 수학과 경제학을 공부했다. 프랑스 국립과학연구소 연구원을 거쳐 2000년부터 파리경제대 교수로 재직 중이다. 그는 통계적인 접근을 통해 경제적 불평등 연구하였다. 저서로 『불평등 경제』, 『자본의 귀환』 등이 있다.

098

문학과 예술은 그 시대가 추구하는 가치를 담는 그릇이다

『문학과 예술의 사회사』 아놀드 하우저

"죽는 날까지 하늘을 우러러 / 한 점 부끄럼이 없기를……." 민족 시인 윤동주가 쓴 '서시'의 일부분입니다. 그는 나라를 빼앗긴 울분과 독립을 향한 우리 민족의 의지를 시로 표현하였습니다. 조세희 작가의 『난장이가 쏘아 올린 작은 공』은 1970년대 도시화 과정에서 고통받던 도시 서민들의 삶을 소설로 표현하였습니다. 문학은 우리가 살아가고 있는 현실을 담아냅니다. 20세기 최고의 화가 피카소는 대표작 '게르니카'를 통해 스페인 내전 당시 비극적인 학살 현장을 그림으로 표현하였고 가수 비틀즈는 전쟁을 비판하고 평화를 꿈꾸는 노래 'Imagine'으로 세계인의 사랑을 받았습니다. 위대한 예술 작품들은 하나같이 시대가 추구하는 가치를 담아낸 것들입니다.

흔히 예술은 현실과는 무관하게 순수해야 한다고 말합니다. 일리가 있는 말입니다. 하지만 모든 예술은 우리가 살아가고 있는 현실 사회를 반영합니다. 단원 김홍도의 그림은 조선 시대의 풍습과 생활을 담고 있으며, 신석기 시대에 만들어진 빗살무늬 토기는 당시 사람들의 삶을 알려 줍니다. "예술은 순수해야 한다."는 말은 예술이 현실과 무관해야 한다는 의미가 아니라 예술이 권력과 같은 외부적인 힘에 의해 왜곡되지 말아야 한다는 의미로 이해해야 할 것입니다.

『문학과 예술의 사회사』는 구석기 시대의 알타미라 동굴 벽화부터 영화 예술까지 인류가 창조한 위대한 예술을 통해 예술이 어떻게 사회와 관련을 맺어 왔는지를 보여 주는 역작입니다. 예술의 역사와 각 시대가 추구했던 가치를 한눈에 보여 주는 이 책은 우리에게 예술에 대한 새로운 세계를 알게 해 줄 것입니다.

문	학	과		예	술	은		그		시	대	가
추	구	하	는		가	치	를		담	는		그	릇
이	다	.										

아놀드 하우저 (1892~1978) | 헝가리 출신의 사회 예술가. 미술사, 정신 분석학, 예술 이론, 미학, 사회사, 문화사, 미술 심리학 등 여러 학문의 경계를 넘나들며 다양한 연구를 하였다. 『예술사의 철학』, 『매너리즘 : 르세상스의 위기와 근대 예술의 기원』, 『예술의 사회학』 등의 저서를 남겼다.

099

고독과 불안으로 가득 찬 세계,
그곳이 본질적 세계이다

『존재와 시간』 하이데거

"나는 생각한다. 고로 존재한다." 데카르트의 이 명제는 근대 문명의 바탕이 되었습니다. 인간은 유일하게 이성을 가진 존재이며 이성의 눈을 통해 이 세상의 본질을 인식할 수 있다고 본 것입니다.

로빈슨 크루소는 무인도에서도 혼자 이성의 힘만으로 문명을 건설하였습니다. 말하자면 가장 데카르트적인 인물인 셈입니다. 그런데 무인도에서 로빈슨 크루소처럼 살아갈 수 있는 사람이 얼마나 될까요? 대부분은 고독과 불안에 떨다가 무인도에서 쓸쓸히 생을 마감하게 될 것입니다. 그렇다면 로빈슨 크루소를 제외한 모든 사람은 타고난 이성조차 발휘하지 못하는 지질한 인간일까요?

이성은 인간이 지닌 중요한 특성입니다. 하지만 인간에게는 본능과 감성이라는 요소도 있습니다. 데카르트의 말처럼 이성적으로 생각하기 때문에 존재하는 것이 아니라 존재하기 때문에 생각할 수 있는 것인지도 모릅니다. 데카르트적인 생각을 비판하면서 존재의 다른 모습을 제시한 철학자가 바로 실존주의의 선구자 하이데거입니다. 그에 의하면 인간은 각자 우연적이고 다양하게 세계와 관계를 맺는 방식으로 존재합니다. 다른 존재와 익숙한 관계를 맺을 때는 안정감을 갖지만 새로운 관계에 접어들면 낯설게 되고 고독과 불안, 공포와 두려움을 느끼게 됩니다. 그것이 세계의 본질인 것입니다.

문득 두려움과 고독이 밀려든다면 이렇게 생각해 보세요. '이제 나는 세상의 본질을 경험하고 있다.'라고.

고	독	과		불	안	으	로		가	득		찬
세	계	,	그	곳	이		본	질	적		세	계	이
다	.												

하이데거 (1889~1976) | 현대 독일 실존주의 철학의 대표자. 스승인 후설의 이론을 비판적으로 분석한 『존재와 시간』으로 독일 철학계의 거두가 되었다. 그의 뒤를 이어 한나 아렌트, 사르트르 등의 철학자들이 실존주의를 더욱 정교화했다.

100

국가가 없는 자연 상태는
만인의 만인에 대한 투쟁이 될 것이다

『리바이어던』 토머스 홉스

고조선의 시조 단군은 곰에게서 태어났으며, 이집트의 왕 파라오는 태양신에 의해 점지되었다고 합니다. 동서양을 막론하고 고대 국가는 신화에서 시작됩니다. 당시로서는 권력(왕)이 정당성을 갖기 위해서 평범한 사람들과는 구별되는 특별한 탄생 신화가 필요했던 것입니다. 이것을 '왕권신수설'이라고 합니다. 그런데 논리적, 과학적 사고방식이 널리 퍼지면서 보다 체계적인 설명이 필요하게 되었습니다. 특히 서양에서 근대 사회가 시작되면서 절대 왕권의 정당성을 논리적으로 설명할 이론이 필요하게 되었습니다.

국가 권력 탄생에 대한 최초의 논리적 이론을 제시한 사람이 바로 홉스입니다. 홉스는 인간의 본성이 악하다는 성악설을 기초로 국가의 탄생을 설명합니다. 인간의 본성은 악하고 이기적이므로 만일 국가가 없다면(자연 상태) 각 개인들은 서로 물어뜯으며 싸우는 '만인에 의한 만인의 투쟁'에 빠지게 되고 이는 지옥과 같은 상태가 될 것이라고 했습니다. 그러므로 자연 상태에서 벗어나기 위해 각 개인들은 자신이 가진 모든 권리를 국가에 넘겨주고 대신 안전을 보장받는 계약을 맺었다는 것입니다. 홉스의 이러한 주장은 '사회 계약설'의 시초가 되었습니다. 사회 계약설이란 각 개인들의 사회적인 약속을 통해 국가가 만들어졌다는 이론입니다.

　지금의 관점으로 볼 때 홉스의 주장은 권력의 횡포를 정당화시켜 주는 문제점을 가진 이론입니다. 하지만 왕권신수설 같은 비합리적 방식이 아닌 체계적이고 논리적인 방식으로 국가의 탄생을 설명했다는 점에서 큰 의미가 있습니다. 홉스의 주장은 훗날 로크와 루소에 의해 발전되어 오늘날에 이르고 있습니다.

> 국가가 없는 자연 상태는
> 만인의 만인에 대한 투쟁이
> 될 것이다.

토머스 홉스 (1588~1679) | 영국의 철학자이자 정치학자. 베이컨의 경험론과 유물론을 계승하여 발전시켰다. 특히 저서 『리바이어던』에서 국가가 사회 계약을 통해 만들어졌다는 이론을 제시하였다. 이는 근대 절대 왕권 국가의 정당성을 뒷받침하는 이론적 근거가 되었다. 그의 사회 계약설은 로크와 루소에 의해 더욱 발전되었다.

색인 괄호 안의 숫자는 문장 번호입니다